RÍO TEOLÓGICO

RÍO TEOLÓGICO

DR. TEÓFILO J. AGUILLÓN

Río Teológico

Dr. Teófilo J. Aguillón

Segunda Edición 2020

Todos los derechos reservados. Ninguna parte de esta publicación podrá ser reproducida, ni procesada por cualquier sistema que la pueda reproducir, transmitir, ni publicar en forma alguna, ya sea por medio electrónico, mecánico, fotocopiado, magnético, ni cualquier otro, sin el permiso previo de los editores. Solamente con la excepción de breves citas en reseñas.

Edición y Corrección: Margarita Chinchillas
Diseño de portada: Adán Rodríguez
Maquetación y diagramación: Pilar Palacios

Impreso en

DEDICATORIA

Dedico este volumen con profundo cariño a mi hijo, el Rev. David Livingstone Aguillón, pastor de nuestra iglesia en San Marcos, Texas.

David dirigió el "Campus Austin" del Seminario de Superación Teológica junto con el Rev. Fidencio Martínez, director del Instituto "Horeb", en la ciudad de Austin, capital del próspero Estado de Texas.

Desde pequeño, se distinguió por ser un ávido lector, conocedor de las Escrituras y un hábil polemista. Tendría unos 8 años, cuando los hijos de nuestra querida amiga la Sra. Margarita Abed, rica mexicana de origen libanés, lo invitaron a que fuera a la doctrina sabatina, en una iglesia católica en México D.F. La sufrida catequista que les enseñaba tuvo que pedirles a Flavio y Felipe Abed que ya no lo llevaran, porque le trastornaba su enseñanza con tantas preguntas que no podía contestar.

Después, cuando estudiaba en una Academia Cristiana en Rio Grande Valley, sus compañeros le llamaban "el pastorcito", por todo lo que sabía y decía de las Sagradas Escrituras y las doctrinas que se debían practicar. Eso le sirvió para pasar bien librado sus años de adolescencia cuando graduó de "Hanna High School" e hizo estudios en los básicos del Southmost College de la misma ciudad de Brownsville, TX, obteniendo posteriormente un Asociado en Farmacología.

A su tiempo, graduó del Instituto "Bethel" de Las Asambleas de Dios, en Pharr TX y del Latin American Theological Seminary de La Puente CA, en grado de bachiller y obtuvo su Maestría del Seminario de Superación Teológica.

Al casarse con la Señorita. Angélica Acevedo, sintieron el llamado al campo misionero, yéndose por cinco años a la ciudad de Saltillo, Coahuila, en donde colaboraron con un gran educador y líder nacional, el Pbro. Fernando Figueroa, por muchos años ya, Director Nacional de Educación Cristiana.

Hoy, padre de cuatro hijos varones, Christian, Abner, Giancarlo y Angelo, (que heredó la memoria prodigiosa de su madre, fallecida en 2015) cumple con su llamado *"esforzándose en la gracia que es en Cristo Jesús"*, desde su púlpito en San Marcos TX y simultáneamente, desde la cátedra en varios Institutos, "instruyendo a hombres y mujeres fieles que serán idóneos para enseñar a otros. (2 Tim. 2:1,2). Además, junto a su padre y hermanos Joel y David, habiendo constituido "The Aguillon Family Foundation", trabajan febrilmente en la elaboración del comentario digital a la Biblia RVR60, llamada La*bibliacontinentalad.com* con miles de seguidores ya, para la gloria del Señor.

Dr. Teófilo J. Aguillón

PRESENTACIÓN

Con el título "Río Teológico", queremos designar en este volumen a toda esa cantidad de doctrinas que aparecieron desde el primer siglo de la era cristiana y que después se fueron agregando durante los pasados 2000 años, hasta nuestros días.

La mayoría son correctamente bíblicas, otras parcialmente bíblicas y tristemente otras, antibíblicas; cayendo aún éstas, en la categoría de herejías. Debe decirse que un porcentaje alto de las correctamente bíblicas, se siguen creyendo o practicando para bien de las iglesias actuales. Otras, infortunadamente, doctrinas equivocadas o herejes, se han revivido para mal y perdición de grupos pseudocristianos que existen en este tiempo.

Debe decirse que todas las interpretaciones teológicas fueron producidas por "hombres sinceros" que definieron la doctrina correcta, y que el grueso de las iglesias conservadoras, las practican hoy en día. Lastimosamente, otros fueron hombres, "sinceramente equivocados", que desarrollaron enseñanzas aceptadas por un grupo de seguidores durante algún tiempo, hasta que Concilios o Sínodos las declararon erróneas. Lo interesante es que eran predicadores famosos, maestros de las escuelas cristianas y muchos de ellos, líderes de las iglesias establecidas, en las que ejercieron como obispos o arzobispos.

Este volumen que hemos titulado *"Río Teológico"*, no es un texto de historia en sí, sino una especie de categoría especializada, dentro de la "historia de la doctrina". Es decir, una perspectiva sintetizada sobre la historia del pensamiento cristiano, del Siglo I al Siglo XXI.

Nada es original, si acaso sólo el arreglo. Aquí están vaciados en forma sucinta los estudios de investigadores modernos como Justo L. González, un historiador cubano; Carlos Jiménez, un pastor-maestro colombiano (ya en las moradas eternas); Pablo Hoff un prolijo escritor chileno; James Orr, Herbert Lockyer y John Stott reconocidos teólogos ingleses; Wayne Grudam, R.C. Sproul, James L. Garrett, Edith L. Blumhofer y Erwin Lutzer, entre muchos otros teólogos e historiadores americanos y Karl Barth, Emil Brunner y Reinhold Neibuhr, neo-ortodoxos suizo-alemanes. Esta síntesis hoy se ofrece, valga decirlo, por un mexicano ávido lector de sus libros.

Dr. Teófilo J. Aguillón

Contenido

CAPÍTULO 1 — IDIOMAS, VERSIONES Y CÓDICES. **11**

CAPÍTULO 2 — ORIGEN DEL "CALENDARIO CRISTIANO". **25**

CAPÍTULO 3 — EDADES HISTÓRICAS Y PERIODOS CRISTIANOS. **43**

CAPÍTULO 4 — HOMBRES Y DOCTRINAS. **63**

CAPÍTULO 5 — LA ERA DE LA REFORMA. **91**

CAPÍTULO 6 — REFORMA, CONTRA-REFORMA Y DOCTRINAS DERIVADAS. **113**

CAPÍTULO 7 — LOS MOVIMIENTOS PRE-PENTECOSTALES Y PENTECOSTALES EN LOS ESTADOS UNIDOS. **147**

CAPÍTULO 8 — LOS GRANDES DERRAMAMIENTOS DEL ESPÍRITU SANTO EN EL SIGLO XX. **165**

CAPÍTULO 9 — BREVE SÍNTESIS DEL DESARROLLO TEOLÓGICO A PARTIR DE 1919. **185**

Capítulo 1

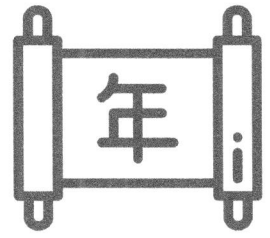

IDIOMAS, VERSIONES Y CÓDICES

CAPÍTULO 1

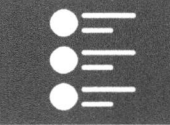 **Bosquejo**

1. Razón del nombre "Río Teológico".
2. Aceptación del Antiguo Testamento: fechas principales.
3. Citas del Antiguo Testamento en el Nuevo
4. Importancia de la "Septuaginta Griega"
5. El Arameo, la lengua vernácula de Jesús.
6. Aportación de los "rollos" del Mar Muerto.
7. El Diatessaron de Tatian.
8. Importancia de los códices. El Código "Sinaítico".

IDIOMAS, VERSIONES Y CÓDICES

En este libro, capítulo a capítulo se irán citando los principales personajes de los pasados 2000 años con sus aportaciones positivas o negativas y las corrientes de pensamiento que defendieron. Este enfoque da definición y realce al título del libro "El Río Teológico".

Sin embargo, conviene hacer un preámbulo para precisar algo sobre la fuente utilizada por los escritores inspirados y luego por los llamados padres de la Iglesia. A saber, los escritos del Nuevo Testamento (N.T.), natural continuación de los del Antiguo Testamento (A.T.), como un río fluyendo plácidamente.

¡Asombrémonos! Esa continuidad ha sido lo que menos se ha discutido y casi se ha aceptado como lo lógico y normal, casi unánimemente por todos los pensadores y teólogos a través de las centurias. Con excepción tal vez de Marción, el hereje del Siglo II con sus críticas al A.T., específicamente con su concepción de un Dios del A.T. distinto del buen Dios del N.T. enseñado por Jesús.[1] Todos los demás proponentes circularon bien por ese puente natural.

Agustín de Hipona con su brillante afirmación, refuerza el punto: "El Nuevo Testamento está escondido en el Antiguo Testamento y el Antiguo Testamento se explica en el Nuevo Testamento".[2]

Facilitó este proceso, que la Tora o Ley (Pentateuco) fue reconocida en su forma final por el 400 a.C, los profetas por el 200 y "los Escritos" por el Siglo l. Muy posiblemente todo el Canon del A.T. fue reconocido por el 160 a.C. avalado por los fariseos, saduceos y esenios.[3]

---

1   El Antiguo Testamento en el Nuevo, por A. W Robertson, WB. Eerdmans Publishing House, Grand Rapids, MI 1996 Pág.3
2   Ibid
3   El Antiguo Testamento en el Nuevo, por A. W Robertson, WB. Eerdmans Publishing House, Grand Rapids, MI 1996 Pág. 24

CAPÍTULO 1

Lo positivo de la herejía de Marción, – y así sucedió con otras, que algo tuvieron de positivo- fue que apresuró a los queridos hermanos de ese tiempo a establecer lo más rápido, el canon del N.T., antes de que terminara el 2º Siglo.

A.W. Robertson, en su libro "El Antiguo Testamento en el Nuevo",[4] nos dice que los eruditos Ellis, Swete y Venard mencionan que se pueden encontrar aproximadamente 250 citas y referencias del A.T. en el N.T. distribuidas así: En los evangelios sinópticos 46; en San Juan, 14; en los Hechos 24; en las Epístolas de Pablo 88 y en los Hebreos 30. Aproximadamente 50 en el resto.

LA VERSION DE LOS LXX O SEPTUAGINTA GRIEGA

Esos mismos eruditos afirman que las citas están basadas en la traducción de los LXX o Septuaginta Griega, (LXX en números romanos, igual a 70 en los números actuales) ya que fue la versión que Jesús y los autores del N.T. emplearon al citar el A.T. Es importante acotar, desde luego, que se han encontrado variantes significativas respecto al texto hebreo. En su tiempo lrineo, Jerónimo y Agustín notaron esas divergencias entre el texto hebreo y la Septuaginta. Hay que decir que incluía los libros apócrifos, los cuales Jerónimo dejó en su traducción al latín, por lo cual la Iglesia Católica los conserva hasta la fecha. Los reformadores los desecharon cuando aprobaron el canon del N.T.

Como se sabe, la versión de los LXX o Septuaginta es una de las muchas aportaciones que los judíos hicieron al cristianismo, pues en Alejandría, Egipto, por el Año 250 a.C. bajo el gobierno de Ptolomeo Filadelfo (285- 246) un grupo de 72 eruditos judíos, tal vez 6 por cada tribu, se reunieron para realizar esta importante traducción del Hebreo clásico al Griego popular.[5] De esta manera tanto judíos de la dispersión, como gentiles del mundo mediterráneo, especialmente los piadosos judíos y gentiles que aceptaron el Evangelio durante el

---

4   A. W Robertson, Pág. 4
5   Nuestro Nuevo Testamento por Merril C. Tenney, Ed. Portavoz, G. Rapids MI 1996
    Pág. 36

primer Siglo, pudieron leer con facilidad la revelación veterotestamentaria.⁶

Owen, un erudito moderno en 1789 asumió que el N.T. estaba basado en la LXX⁷ y argumentó que ciertas excepciones obedecieron a la necesidad de adecuar palabras para expresar mejor el sentido y significado, dado que estos son los que constituyen la Escritura y no meramente las palabras.

Los reformadores con su principio de Sola Scriptura (más Sola fe y Sola Gratia) validaron las citas del A.T. en el N.T. restándole autoridad a las tradiciones y dogmas. Retomaron el texto hebreo y relegaron los libros restantes de la LXX a la categoría de libros apócrifos. Por eso la iglesia evangélica ha sostenido que los apócrifos no son inspirados, dado que la Biblia Hebrea no los contenía. Como se ve, fueron agregados cuando se hizo la traducción en Alejandría.

No obstante, debe decirse que para el trabajo de los traductores a través de los siglos fue siempre mejor la versión griega de los LXX y como ya se mencionó, fue la versión que los autores del N.T. usaron y los creyentes del primer siglo, leyeron.

[NOTA INTERESANTE]

SOBRE LA LENGUA VERNÁCULA DE JESÚS: EL ARAMAICO

Merrill C. Tenney en su reconocido texto, *"Nuestro Nuevo Testamento"*,⁸ recuerda que el Aramaico o Arameo era la lengua predominante en el Cercano Oriente. Pablo lo usó en Hchs. 22:2. Jesús hablaba en aramaico (Jn. 1:42; Mar. 7:34; Mat. 27:46). Lo usó la iglesia, como se demuestra por algunas palabras, tales como *"Abba"* en Rom. 8:15 y *"Maranatha"* 1 Co. 16:22. El Hebreo clásico con el que el Aramaico tenía estrecha relación era lengua muerta desde los días de Esdras, la que sólo usaban

---

6   Vetero = antiguo
7   El AT en el Nuevo, Pág. 4.
8   Nuestro Nuevo Testamento por Merrill C. Tenney, Ed. Portavoz, G. Rapids MI 1996 Pág. 77

CAPÍTULO 1

los sabios rabinos para expresar el pensamiento teológico. En el mundo del Primer Siglo, el Hebreo (en realidad, Aramaico) el Latín y el Griego se usaban ampliamente, (Jn. 19:20).

Vine's comenta que Abba, una palabra aramaica encontrada en Mar 14:36, Rom. 8:15 y Gálatas 4:6 que la Gemara (unida la Mishnah, formaban el famoso Talmud) establecía que a los esclavos se les prohibía usar este título para dirigirse al jefe de la familia, pues casi había llegado a ser un nombre personal. Por eso los judíos de habla griega agregaban a Abba, el griego pater (padre): "Abba ho Pater". No se trata de un caso de traducción, sino por seguro de reminiscencias de Pablo.[9]

"*Abba*" la decía un niño con confianza, sin razonar. Padre, expresa una aprensión inteligente de la relación. Las dos expresan el amor y la confianza inteligente de un niño. Eso explica Mar 14:36, cuando Jesús en sus horas de agonía recordaba la intimidad desarrollada en su infancia.

Texto masorético: Siglos después para traducir el Antiguo Testamento se utilizó la versión hebrea TM o texto masorético, llamada así por el trabajo de los masoretas, ciertos escribas que vivieron desde 500 al 900 d.C., en los alrededores de la ciudad de Tiberias, a las orillas del mar de Genezareth, en Galilea; quienes hicieron un gran trabajo agregándole a las consonantes hebreas, vocales que no existían. El texto que surgió se considera oficialmente como el texto hebreo, de donde se han hecho la mayoría de las traducciones y revisiones.

Es maravilloso recordar que entre los rollos del Mar Muerto se encontró una copia completa del libro de Isaías, junto a porciones de otros. Cuando la fecharon los expertos, le señalaron haber sido confeccionada por los escribas aproximadamente 100 años antes de Cristo. Al compararla con un texto masorético escrito por el Año 800 d.C., eran exactamente iguales. Como si los hubieran copiado en una moderna impresora. ¿Puede alabar al Señor en este momento?

---

9 Comentario a Marcos: Archibald lmagens.

Nunca olvidaré la emoción sentida, por el grupo que nos acompañaba, cuando visitamos el Museo del Libro en Jerusalén y observamos la copia actualizada del Libro de Isaías pegada a la pared circular de una de sus salas. El techo del museo tiene la forma de una tapa de tinaja o tinajuela, inmortalizando las ollas o tinajas encontradas en las famosas cuevas de Qumrán junto al Mar Muerto, (actualmente, en el sitio se construyó un moderno museo, para deleite de los miles de turistas).

Ni una jota, ni una tilde quitada de la Ley. Lo que quiere decir que cuando Martín Lutero hizo su traducción al alemán junto con otros expertos del A.T. y Casiodoro de Reyna hizo su publicación en español de la llamada *"Biblia del Oso",* [10] el 28 de septiembre de 1569 (en Basilea, Suiza, como se cree), tuvieron en sus manos rollos o manuscritos de copias perfectamente genuinas, sin ninguna alteración, aunque ya habían pasado tantos siglos. Por favor, prorrumpa en otro ¡Gloria a Dios! en este momento.

A Karl Barth[11], el neo-ortodoxo -a quien los grandes teólogos del Siglo XX leen y respetan- se le debe el gran mérito de luchar por recobrar la autoridad de la Biblia y el lugar preponderante en la fe cristiana. Como se sabe, no solamente los racionalistas, sino teólogos liberales la habían criticado y casi desechado. Ellos aceptan junto con Barth, que Dios nos habla en la Biblia, la cual es su libro, y que la teología bíblica debe mantenerse vigente y estar por encima de todos los escritos.

Parece ser que la iglesia primitiva contaba también con los llamados *"Libros de testimonios",* que se escribieron antes de los libros del NT y que los evangelistas los consultaron.

C.H. Dodd[12] dice que estos fueron el trabajo de eruditos primitivos y no sólo propuestas o copias incidentales y que aún pudieran haber puesto por escrito lo que se repetía oralmente en la llamada "tradi-

---

10   https://es.wikipedia.org/wiki/Biblia_del_oso
11   Teología Contemporánea Siglo XXI, T. Aguillón Págs 7-9
12   C.H.Dodd en su According to The Scriptures, Londres 19521 Citado por Robertson Pág.10

ción de los ancianos" (Mar. 7:3). No debiera sorprendernos esto, pues el mismo Lucas expresa en su introducción al Evangelio en el capítulo 1:1-4, que investigó diligentemente acontecimientos previos y que tal vez ya "muchos" los estaban poniendo por escrito. Varios de esos "testimonios" anteriores a los evangelios aparecieron en los Rollos del Mar Muerto en 1947.

El "Diatessaron", un término griego que significa armonía de 4 partes (en Latín: "hecho de 4 ingredientes") y fue aplicado a la armonía de los 4 evangelios, dentro de una sola narrativa, elaborada por el cristiano sirio Tatiano (Tatian), entre 160-175 DC. Utilizando según se cree una versión siriaca del A.T. llamada Peshitta[13], para las citas contenidas en los evangelios del A.T. (y no tomándolas de la Septuaginta). Éste fue discípulo de Justino Mártir en Roma y su obra reconocida por lrineo de Francia por el 180 d.C., lo que confirma la aceptación general de los Evangelios ya en esta época. Según análisis hechos en 1994 ocuparía un 72% de la extensión de los cuatro evangelios originales.

Es importante esta alusión a la versión Peshitta, porque confirma que había varias versiones de la Biblia Hebrea, que pudieron haber sido comparadas. El Hno. José María Díaz, un inquieto lector, alumno de un servidor en la Universidad Teológica de Reynosa Tamaulipas, lee con regocijo una Biblia Peshitta, junto al lng. Amhil otro alumno de origen árabe, ávido lector.

CÓDICE SINAÍTICO (por el 350 D.C.)

El incansable investigador alemán Constantine Tischendorf, encontró en el Monasterio de Santa Catarina al pie del Monte Sinaí entre 1844, 1853 y 1859 los manuscritos más antiguos conteniendo la totalidad del Nuevo Testamento, (maravillosamente, los monjes que lo habitaban, le dieron permiso para que los buscara en sus recintos y gruesas paredes). Los tales, son escritos en hojas de piel de animal llamadas parchment, aproximadamente 730 de ellos, en un tamaño de 38 x 34 cms. Actualmente se encuentran en los museos de

---

13 Citado en wikipedia.org

Londres, en San Petersburgo, Rusia y Leipzig en Alemania, que han firmado acuerdo con los residentes de Santa Catarina (el último en 2005). Todavía en 1975, los monjes encontraron algunos manuscritos en sus paredes.

Códice y sus características:[14]	
1. Todo el NT.	Varía un poco el orden que conocemos: Hebreos viene después de 2 Tesalonicenses y Hechos entre Las Epístolas Pastorales y las Generales.
2. Mitad del AT.	Los libros de Génesis a 1 de Crónicas se perdieron.
3. Apócrifos.	2 Esdras, Tobías, Judit, 1 y 2 de Macabeos, Sabiduría y Sirácida. Nota: estos no se encuentran en la Biblia Hebrea.
4. Epístolas de Bernabé y el Pastor de Hermes	Del Siglo Segundo. Nota: estos 2 libros estuvieron a punto de ser reconocidos como inspirados. Por ejemplo, Irineo aceptaba el Pastor de Hermes.

---

14 Citado en www.codexsinaiticus.com

CAPÍTULO 1

Es interesante saber que los "modernos escribas", junto con la escritura, cuidadosamente preparaban lo requerido:

1. Número de columnas
2. Distribución
3. Pieles con marco
4. Tinta y plumas
5. Texto escrito
6. Texto revisado
7. Ensamblar códice

CÓDICE SINAÍTICO

El códice en general constituye un *"avance tecnológico"*:

1. La calidad de sus pieles
2. Avanzada encuadernación, más de 730 hojas
3. Concepto de Biblia
4. Cuidadosa planeación
5. Escritura perfecta.
6. Control editorial

IDIOMAS, VERSIONES Y CÓDICES

 **Contestando por deducción**

1. ¿Qué significa prolegómeno?
2. ¿Quién fue Marción?
3. Hacer una lista de referencias del AT en el libro de Mateo.
4. ¿A qué se le llama Septuaginta Griega?
5. ¿Qué palabra es un sinónimo para Antiguo, refiriéndose al AT?
6. Hacer una lista de palabras del NT, que conservan su forma aramea.
7. Mencione los idiomas que se usaban en los tiempos de Jesús
8. ¿Cuál fue el importante trabajo de los Masoretas?
9. ¿Cuántos años pasaron entre la copia de Isaías hallada en el Mar Muerto, con la copia más antigua que se tenía?
10. ¿Qué se le debe agradecer a Karl Barth?

CAPÍTULO 1

 **Pensando Inductivamente**

1. ¿Qué otras palabras se pueden usar como sinónimos de prolegómeno?
2. ¿Qué piensa Ud. qué quiso decir Agustín con su aforismo?
3. ¿Qué se puede decir sobre las fechas en que se fueron reconociendo los libros del AT?
4. ¿En qué se basaron los reformadores para determinar el Canon Bíblico?
5. ¿Qué piensa sobre lo que dicen algunos autores sobre las reminiscencias posibles de Jesús y de Pablo, citadas en el NT?
6. ¿A qué pudiera haberse referido Jesús, cuando expresaba: *"Oísteis que fue dicho, mas yo os digo"*
7. ¿Qué importancia tiene para el cristiano, el hallazgo de los rollos del Mar Muerto?

 **Trabajos optativos asignados por el maestro**

1. Realizar una investigación amplia sobre los Masoretas y su importante trabajo.
2. Investigar los nombres actuales de otras Biblias conteniendo un "Diatessaron"
3. Enlistar otros códices importantes, aparte del Sinaítico.
4. Hacer una investigación propia sobre el Qumrán y los rollos del Mar Muerto.

Capítulo 2

EL CALENDARIO ACTUAL

CAPÍTULO 2

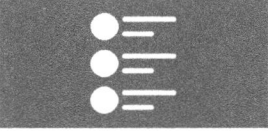 **Bosquejo**

1. Origen del Calendario Cristiano.
2. Antecedentes:
   - Calendario Egipcio.
   - Calendario Hebreo.
   - Calendario Romano.
3. Dionisio "el exiguo" y su obra trascendental.
   - Bajo las órdenes de un emperador.
   - Universalizado por un Papa.
4. Ejercicio didáctico matemático a estudiantes.
   - Manejo de fechas antes de Cristo.
   - Manejo de fechas después de Cristo.
5. Fechas fijadas por el arzobispo Usher y otros eruditos.
   - Adán en el huerto.
   - Noé y el diluvio
   - Llamamiento de Abraham.
   - Moisés y el éxodo.
6. Capítulos claves del Libro del Génesis.
7. Año del nacimiento de Jesús, unifica el calendario.
8. Tabla de autores "corrigiendo" a Dionisio.
9. Conclusiones respecto al calendario.

10. Celebrando la navidad. Demos gracias por el sacrificio expiatorio.
11. El Concilio de Nicea y su importancia astronómica.
12. El Calendario Gregoriano que rige actualmente.
13. Importancia que tuvo el Calendario Juliano.

CAPÍTULO 2

Como estudiantes de la Palabra y de los acontecimientos narrados tanto en el Antiguo como en el Nuevo Testamento, por seguro necesitamos manejar fechas que nos ayuden a precisar cronologías, eventos, la vida de personajes, el desarrollo histórico y desde luego proyecciones hacia el futuro.

Los datos que vienen a continuación en este capítulo se han tomado de diversos compendios, diccionarios y textos reconocidos, esperando sean útiles a pastores, maestros y líderes; ya sea cuando leen y estudian para sí mismos y especialmente cuando *"enseñan la justicia a la multitud"* (Dn. 12:4). Si difieren un poco de lo que usted había leído o creído, tómelos con una mente abierta y sin prejuicios.

ORIGEN DEL "CALENDARIO CRISTIANO"

Cuando Cristo nació existían muchos calendarios:

Egipcio

Que sirvió a Julio César el gobernante romano como base, para funcionar como el "calendario juliano" a partir del año 45 A.C y que fue el primer calendario solar (con algo de lunar). Fue un calendario muy importante pues dirigió la vida de la cristiandad y de todos los países donde éste prevaleció. Terminó en 1582, al transformarse en el "calendario gregoriano" que rige al mundo hoy en día.

Hebreo

Un calendario lunar. Muy importante porque todavía lo siguen los judíos. Marca las fechas desde Adán hasta nuestros días.

Como se recordará, ellos tienen un calendario religioso que comienza en abril *(Nisán)* y el calendario civil que comienza en septiembre u octubre. *(Elul/Tishri)*. Cómo un dato de referencia, en el año 2018 el día 9 de Septiembre fue el último día del año 5778. A partir del día diez comenzó el año nuevo o *"Rosh Hashanah"*, que también es movible como muchas fechas. Es decir a partir del día 10 de septiembre comenzó el año 5779, aconcluir en septiembre del 2019.

Si se observa, el calendario hebreo marca las fechas muy cercanas a los 6000 años que los cristianos consideramos que comienzan en Adán (4004+ 2019). Desde luego que nos gustaría que el milenio comenzara ya, como muchos lo profetizaron desde "Bernabé" para que se formalizara como la séptima semana profética sumando 7000 años.

En el segundo siglo, la "Epístola de Bernabé" (una epístola no canónica), desarrolló la teoría de la "Semana Milenaria", diciendo que así como fueron 2000 años desde Adán hasta Abraham, y 2000 años desde Abraham hasta Cristo, la era cristiana también sería de 2000 años y luego vendría el reposo milenial. Es decir 6000 años y luego mil sabáticos, así como los 6 días de la creación fueron seguidos del Día de Descanso[1].

---

1   Citado en el Compendio Manual de la Biblia Pag 33 De Henry H. Halley Edit. Portavoz. Grand Rapids MI 1993.

CAPÍTULO 2

Romano

Llamado Calendario "Juliano", en honor de Julio César, el famoso emperador. En nuestro caso ha sido el más importante. Cristo nació en tiempos del Imperio Romano y el cristianismo se extendió dentro de sus fronteras. Los romanos contaban los años desde la fundación de Roma (recuérdese la leyenda de los hermanos Rómulo y Remo alimentados por una loba). Sin embargo, a pesar del poderío romano y su imposición de leyes y costumbres, existía mucha confusión, pues de alguna manera cada pueblo importante se regía por su propio calendario.

Debe decirse que junto al Calendario Juliano, existían también paralelamente los calendarios chino, babilónico, persa, sirio, griego y otros más, según los seguía cada pueblo familiarmente, aparte del "oficial" que regía bajo el imperio del momento. (en América, los incas, mayas y aztecas, tenían los suyos).

DIONISIO "EL EXIGUO" Y SU TRASCENDENTAL INVESTIGACIÓN

La confusión terminó cuando Dionisio el Exiguo, un monje romano, matemático, basándose en la Biblia y en otras fuentes históricas, y a petición del emperador Justiniano, durante los años 526-530 d.C., rigiéndose por el calendario romano, fechó el nacimiento de Cristo el día 25 de diciembre del año 754, después de la fundación de Roma.

Sus investigaciones fueron aceptadas y años después bajo la decisión del Papa Bonifacio IV en el 607, surgió el calendario unificado y el año 754 del calendario romano pasó a ser el año 1 A.D Anno Domini, es decir año 1 del Señor. (Dionisio marcó el 754, algunos mencionan el 753, pero en realidad debió haber sido el 749 o antes. Un error que explicaremos más adelante.

(En los Estados Unidos todavía se observa esa influencia cristiana, ya que muchos documentos oficiales al dar la fecha al final, mencionan día, mes y año, y luego agregan: "año de nuestro Señor" o "año del Señor Jesucristo".)

Sin embargo, fue hasta el Siglo XVII, que los años anteriores al 1 A.D. se nombraron como años antes de Cristo (a.C.) y los posteriores como años después de Cristo (d.C.) En inglés se marcan B.C. (Before Christ) y A.D. (Anno Domini). Es decir, todos los eventos del Antiguo Testamento se marcan a.C. y desde luego todos los hechos de la historia antigua, de igual forma.

[EJERCICIO DIDÁCTICO/MATEMÁTICO]

Lo que hace confuso para muchos es que esos eventos se marcan hacia atrás, como todo lo posterior a Cristo se marca hacia adelante. Para ayudar un poco trabajemos dos ejemplos con sus respectivas preguntas:

PRIMER EJEMPLO

El emperador Octavio Augusto comenzó a gobernar en el Año 27 a.C. y posteriormente, en el año 23 a.C., el Senado le concedió el poder vitalicio. Cerca del Año 1 a.C. "promulgó un edicto ordenando que todo el mundo fuese empadronado" (Lc 2:1). Después de realizar obras memorables en Roma, murió en el Año 14 d.C.

Pregunta 1:	Respuesta:
¿Cuántos años gobernó Augusto?	Un total de 41 años. Es decir 27 años antes de Cristo y 14 después.

CAPÍTULO 2

Pregunta 2:

¿Cómo es que comenzó a reinar en el 27 y luego recibió más poderes en el 23 y luego lanzó su edicto hasta el 1 a.C.?

Respuesta:

Los años los estamos marcando hacia atrás, hasta llegar al nacimiento de Cristo. Claro, que eso sólo nosotros lo sabemos. El gobernó hacia adelante, conforme a su calendario romano. Tal vez sus historiadores en el imperio registraron: "Augusto gobernó del año 727 al 768, después de la fundación de Roma".

SEGUNDO EJEMPLO

Malaquías fue el último profeta, aproximadamente pronunció sus mensajes por el Año 420 a.C. cuando ya los judíos habían regresado del exilio. Jeremías era el profeta cuando Nabucodonosor invadió Jerusalén en el Año 587 a.C. y se llevó cautivos a los judíos a su capital Babilonia. Mucho antes por el Año 1000 a.C. el Rey David heredó el trono a su hijo Salomón.

Pregunta 1:

¿Quién vivió primero: David o Malaquías?

Respuesta:

Desde luego que David.

Pregunta 2:

¿Por qué lo fechamos con un número mayor, si 1000 viene mucho más tarde que 420?

Respuesta:

Porque estamos fechando los acontecimientos hacia atrás. Malaquías vivió más cercano a Cristo que David.

EL CALENDARIO ACTUAL

¿Sirven los ejemplos o enredaron más?

La verdad es que es sólo cuestión de lógica y de entender queesa fue una solución muy práctica y sencilla, la que tomaron Dionisio y sus contemporáneos. Fechar del cero hacia atrás todo lo que ocurrió antes de Cristo y del cero hacia adelante, todo lo que pasó después.

FECHAS FIJADAS POR USHER Y OTROS ERUDITOS

Se usan números cerrados para facilitar la memorización.

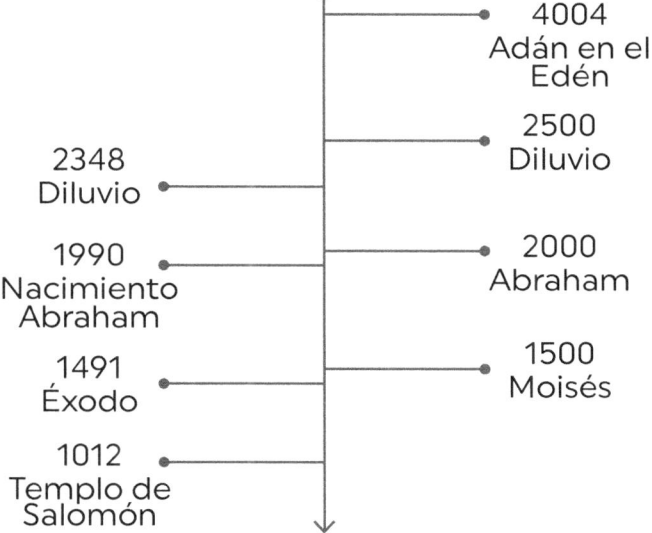

el arzobispo anglicano Usher, (por el 1650 d.C.), precisó las fechas anteriores junto con las más importantes.

La mayoría de los estudiosos conservadores, siguen la compilación de Usher, especialmente en la fecha que concierne a Adán. Aunque cada vez más son los que difieren. Pero como Halley lo comenta, los datos cronológicos de la Biblia no son suficientemente completos como para ser base de un sistema exacto de fechas, por lo que hay

CAPÍTULO 2

diferencias entre los eruditos, especialmente al fechar los acontecimientos más remotos. Así por ejemplo la Septuaginta Griega que hemos mencionado varias veces, coloca a Adán 1500 años antes que nuestra Biblia, es decir por el año 5500 a.C. y el Pentateuco Samaritano, le agrega unos 300 años al "nacimiento" de Adán, es decir lo pone en el huerto por el 4300 a.C.

Otros eruditos, como el Dr. Scofield, sitúan a Adán por el Año 7000 y aún otros por el 9000 a.C. Los evolucionistas e impíos en general se reirán de nuestras fechas, pues paralelamente al fijar millones de años al universo y a nuestra tierra, así se los fijan al ser humano. Dicen, por ejemplo, que el hombre llegó al Continente Americano por el año 10 000 a.C.

Si usted visita alguna vez el museo de historia natural en Washington, muy cerca de la Casa Blanca (White House) y del Capitolio, encontrará una amplia sala en donde se representa la evolución del hombre. A la entrada le dan una insultante bienvenida con un letrero que dice más o menos así" Bienvenidos a visitar a sus parientes más lejanos".

Ya se imaginará la cantidad de chimpancés, gorilas y orangutanes que le muestran y cuadros ilustrativos en donde los homínidos se van incorporando poco a poco, perdiendo pelo de todo el cuerpo, creciéndoles las piernas y acortándoseles los brazos, bajándose de los árboles para meterse en cuevas y finalmente ponerse de pie como el hombre actual.

A estos y a otros, les es más fácil creer en esas representaciones degradantes, que en el sencillo relato bíblico que dice: *"En el principio creó Dios los cielos y la tierra"* y *"... hagamos al hombre a nuestra imagen, conforme a nuestra semejanza"*.

El Tío Leto Garza, viejo poeta burgueño muy amado por la familia que me ganó para el Señor recitaba esta cuarteta[2] :

---

2   Citado en mi libro *"De Kilómetros a Millas, un viaje por dos culturas"* Pág.35

> "Yo no sé cómo hay quienes gritan,
> que en lugar del Dios altísimo
> creador del cielo y la tierra,
> su abuela fue una changuita".

CAPÍTULOS CLAVES USADOS EN GÉNESIS, COMO BASE POR USHER Y ERUDITOS PARA FIJAR LAS FECHAS

Sencillamente dos capítulos: el Capítulo 5 y el Capítulo 11.

En el Capítulo 5 del Génesis, se mencionan a Adán y toda su descendencia, viviendo antes del Diluvio. Por ello termina el capítulo con Noé y sus hijos: Sem, Cam y Jafet (5:32). Usher sumó 1656 años entre Adán y el diluvio. En el Capítulo 11 del Génesis, se continúa la genealogía desde Sem hasta Abraham; cuando es llamado de Ur de los Caldeos juntamente con su familia. Usher sumó desde el Diluvio hasta el llamamiento de Abraham 427 años.

Total 2083 años desde Adán hasta Abraham.

¿Cuándo ocurrió el llamamiento de Abraham? Varían las opiniones. Pero generalmente se acepta el año 2000 a.C. Esto colocaría a Adán cercano al 4000 y el diluvio cubriendo la tierra por el 2400. Para nuestra luz, la Biblia menciona muchos años y fechas que pueden corroborarse. Hoy sabemos mucho más que hace 100 años, pues como se dice, *"la pala del arqueólogo sigue trabajando"*.

PERO... ¿EN QUÉ AÑO NACIÓ JESÚS?

Debemos agradecer al "médico amado" Lucas, todas las fechas y referencias que nos da en su evangelio y que ayudan a situar a Jesús históricamente, Lc. 2:1[3] cita el edicto de Augusto César en donde se ordenaba que todo el mundo fuese empadronado. Augusto gobernó del 27 a.C. al 14 d.C. como la historia secular lo acepta, por lo que Jesús seguramente nació dentro de ese tiempo.

---

[3] Lucas 2:1 "acontenció en aquellos días que se promulgó un edicto de parte de Augusto César. De que todo el mundo fuese empadronado"

CAPÍTULO 2

Lucas 2:2 menciona que ese primer censo se hizo siendo Cirenio gobernador de Siria. Ese censo se levantó entre el 6 y el 4 a.C. Esa mención ya sitúa el nacimiento de Jesús dentro de un espacio más corto: entre el 6 y el 4 a.C.

Lucas 3:1,2 menciona al emperador romano que sucedió a Augusto, a saber, Tiberio César. El cual gobernó del 14 al 37 d.C., luego al gobernador de Judea, Poncio Pilato y a Herodes como tetrarca de Galilea. Y también a los líderes religiosos Anás y Caifás. Nótese que proporciona 3 referencias históricas, para indicar la fecha cuando Juan el Bautista se mostró predicando, sin ninguna duda: en el año décimoquinto del imperio de Tiberio César.

Lo que equivale a la primavera del año 29.

Lucas 3:23 Introduce a nuestro Jesús, agregando que *"era como de 30 años"*. Luego inspiradamente enlista la genealogía que conecta a Jesús con David, Abraham, Adán y con Dios mismo (v.38)[4]. Se piensa que Juan lo bautizó en el verano del año 29. Ya dijimos que Dionisio el Exiguo fijó el nacimiento de Cristo, el día 25 de diciembre del Año 1 a.D. -anno domini, es decir "año 1 de nuestro Señor"-754 años después de la fundación de Roma. Esa fecha comenzó a celebrarse con gran gozo desde principios del tercer siglo. (la iglesia ortodoxa la celebra el 6 de enero, mientras que el mundo latinoamericano festeja la llegada de "los reyes magos" cargados de regalos, en esta fecha)[5].

Debe decirse que no hay una evidencia histórica de que Jesús haya nacido en ese día. Lo digo con temor y temblor, porque a veces se destruye queriendo construir, pero el nacimiento pudo haber ocurrido en otra fecha, como algunos investigadores lo citan. El mismo Halleycita el comentario de otros, de que los pastores cuidabansus rebaños a campo abierto sólo de la primavera al otoño (Espere a leer el final de esta nota).

---

[4] Números 4:3 refiere que la edad para comenzar oficio sacerdotal era de 30 años y para terminarlo era de 50 años.

[5] El Calendario Filocaliano, uno de los documentos más cercanos a la Iglesia Patriarcal, comienza a incluir la celebración a partir del 336 D.C.

Pudo haberse escogido esta fecha por la siguiente razón: en Europa vivían muchas tribus paganas, que celebraban culto a sus deidades siguiendo la entrada de las estaciones del año o las lunas llenas o configurando una incipiente astrología con las estrellas. Dice nuestra fuente:" Había un vacío en el calendario, donde antes se celebraban los festivales paganos de invierno (especialmente en el solsticio de invierno: del 22 al 24 de diciembre).

"Era culturalmente conveniente y evangélicamente necesario, cambiar una fiesta por otra. Y así el gozo reemplazó a la desesperación; la celebración reemplazó a la mundanalidad. Las fiestas de navidad o natividad, reemplazaron los sacrificios de la nueva luna". Cristo reemplazó a Baal, Moloch, Apolo y Thor. ¡Grandiosas nuevas de gran gozo y mucho más![6]

San Agustín, refiriéndose a los cambios realizados por los cristianos, para quitarle fuerza a las celebraciones paganas, confiesa:" las antiguas fiestas paganas fueron asumidas, con cambios de nombre, para satisfacer a las masas paganas cristianizadas que deseaban mantener sus festivales gozosos. El 25 de diciembre se corresponde con las saturnalias"[7] (fiesta pagana de renombre).

[Notas ilustrativas]

- El N. Dicc. Bíblico Ilustrado[8], menciona que la madre de Constantino - la emperatriz Elena (Santa Elena) al visitar Jerusalén en 335d.C. determinó el lugar donde Jesús fue crucificado -el Gólgota (Jn 19:17)- y que allí se construyera la iglesia del Santo Sepulcro. El cual quedó dentro de las murallas, como hasta hoy. El punto es, que allí se encontraba un templo pagano. Interpretemos positivamente, tal vez pensó que era la mejor manera de desplazar el error. Antes en el 330 A.C. había ordenado que se construyera el

---

6 The Christian Almanac Pag. 753
7 Nuevo Diccionario Bíblico Ilustrado, Editorial Clie Pag 579
8 Ibid Pag. 128

CAPÍTULO 2

Templo de la Natividad en Belén, - el templo más antiguo de la cristiandad- se dice que sobre el establo donde nació Jesús" y que pudo haber sido parte de la casa de David, de Booz y de Ruth. Allí también vivió Jerónimo el erudito, por 30 años, traduciendo la Biblia del Griego al Latín, la llamada "Vulgata Latina" que es la versión oficial de la Iglesia Católica.

- La famosa Basílica de Guadalupe, fue construida en el Cerro del Tepeyac de la ciudad de México, donde según la leyenda la virgen se le apareció al indio Juan Diego. Se dice que allí existía un centro de adoración azteca donde se hacían sacrificios humanos. Tal vez los españoles quisieron establecer la nueva fe, desplazando un punto de contacto pagano.

¿Debemos dejar de celebrar la navidad en Diciembre?

¡DE NINGUNA MANERA!

Una fecha tendría que separarse para recordar el nacimiento de Cristo y esta fue. Disfrutémosla, gocémosla y démosle todo el realce neotestamentario. Algunos dicen, negando la celebración de la natividad, que lo que la Biblia pide, es que se recuerde la muerte de Cristo y en ninguna parte su nacimiento.

RECORDÉMOSLA Y DERIVEMOS TODO LO QUE NOS ORIGINA

¿Pero por qué no celebrar su nacimiento también?

¿Qué acaso no declara San Juan con euforia: "... y aquel Verbo fue hecho carne. Y habitó entre nosotros (y vimos su gloria, gloria como del unigénito del Padre), lleno de gracia y de verdad"? Y Pablo emocionado nos recuerda":

"Haya, pues, en vosotros este sentir que hubo también en Cristo Jesús, el cual siendo en forma de Dios, no estimó el ser igual a Dios como cosa a que aferrarse, sino que se despojó a sí mismo, tomando forma

de siervo, hecho semejante a los hombres… para que en le nombre de Jesús se doble toda rodilla de los que están en los cielos, y en la tierra, y debajo de la tierra" Flp. 2:5-10.

CAPÍTULO 2

Contestando por deducción

1. Hacer una lista de los calendarios que existían en los primeros siglos de nuestra Era.
2. ¿Por qué se le llamó Juliano, al calendario?
3. ¿Por qué se le llama Gregoriano al calendario actual?
4. ¿Quién fue Dionisio "el Exiguo"?
5. Hacer una lista de las siglas que se usan en Español y en Inglés para marcar los años.
6. Repasar los 2 ejemplos didáctico/matemáticos y hacer propios números.
7. Resolver otros dos casos:
    - ¿Cuántos años pasaron entre Malaquías y Dionisio, "El Exiguo"?
    - ¿Cuántos años transcurrieron entre el Concilio de Nicea y el Papa Gregorio?
8. Hacer una lista de las fechas mencionadas por Lucas respecto a la vida de Jesús y si es posible agregar otras.
9. Escriba las citas en donde se pudieran mencionar las pascuas de Jerusalén a las que asistió Jesús.

 **Pensando Inductivamente**

1. Mencionar en palabras propias el tema de "la semana milenaria" que ha sido esperanza de muchos cristianos.
2. Explicar lo que posiblemente pudieran haber escrito los secretarios del Imperio, sobre los años de Augusto, de Tiberio y de los demás emperadores.
3. ¿En qué se basó el Arzobispo Usher para fijar las fechas de los principales eventos del Antiguo Testamento?
4. ¿Qué piensa sobre lo afirmado respecto a las evidencias históricas que precisen fechas sobre el nacimiento de Jesús?
5. ¿Cómo se puede apoyar el comentario de San Agustín sobre la sustitución de fiestas paganas por fiestas cristianas?
6. ¿Y qué sobre lo hecho por la Emperatriz Elena en Jerusalén y los españoles en el Cerro del Tepeyac en la ciudad de México?
7. ¿Cuál es su concepto sobre la celebración de la Navidad, la Semana Santa y otras fechas cristianas?
8. ¿Cómo le ayuda en la preparación de sus sermones o enseñanzas sobre la Semana Santa, el lugar dado en los evangelios a los últimos días en la vida de Cristo?
9. Mencione el tiempo exacto que dura nuestro año, el llamado "año trópico"
10. ¿Qué es un año bisiesto (leap year)?

Trabajos optativos asignados por el maestro

1. Citar algunos documentos de USA en dónde se usa "Año del Señor" o "Año del Señor Jesucristo".
2. Hacer una síntesis sobre la tabla comparativa con las aportaciones de varias fuentes, sobre la corrección a lo hecho por Dionisio al elaborar el nuevo calendario, que incluye el nacimiento de Jesús y su crucifixión.
3. Hacer su propio estudio sobre la manera en que se fija el Domingo de Resurrección, desde los acuerdos en el Concilio de Nicea y el estudio astronómico posterior.

Capítulo 3

EDADES HISTÓRICAS Y PERÍODOS CRISTIANOS

CAPÍTULO 3

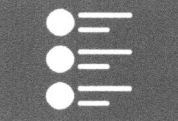 **Bosquejo**

1. Edades historicas seculares:
   - Edad Antigua.
   - Edad Media.
   - Edad Moderna.
   - Edad Contemporánea.
2. Periodos de la iglesia cristiana:
   - La Iglesia Apostólica.
   - La Iglesia Perseguida.
   - La Iglesia Imperial.
   - La Iglesia Medieval.
   - La Iglesia Reformada.
   - La Iglesia Moderna.
3. Eras cristianas del siglo I hasta la reforma:
   - Era de los Mártires.
   - Era de los Gigantes.
   - Era de las Tinieblas.
   - Era de los Grandes Ideales.
   - Era de los Sueños Frustrados.
   - Era de la Reforma.

EDADES HISTORICAS SECULARES

Todo estudiante de escuela superior, estará de acuerdo en que una manera generalmente aceptada de clasificar los períodos de la historia ha sido la siguiente:

Edades históricas	
Edad Antigua	Comprendiendo lo sucedido desde los principios de la humanidad, hasta la caída de Roma en poder de los Bárbaros de Atila, en el año 476 D.C.
Edad Media	Desde la caída de Roma, capital del Imperio Romano de Occidente, hasta la caída de Constantinopla, la capital del Imperio Romano de Oriente, en poder de los turcos en el año 1453.
Edad Moderna	Desde la caída de Constantinopla, hasta los inicios de la Revolución Francesa en el año de 1789.
Edad Contemporánea	Desde la Revolución Francesa, que acabó con Luis XVI y María Antonieta, símbolos de las monarquías totalitarias, y desencadenó las guerras de independencia en decenas de países. Esta Edad sigue comprendiendo lo acontecido en nuestro tiempo.

CAPÍTULO 3

[PARA MEDITAR]

Se cuenta que cuando los revolucionarios franceses se aprestaban a guillotinar al hijo de Luis y María Antonieta, como ya lo habían hecho con ellos, alguien gritó: —¿Para qué lo matamos?, ¿qué ganamos? —mejor démoslo a la vieja "*Pussette*", esa pordiosera que anda por las calles de París, para que sufra hambres y fríos como nosotros y pague lo que sus padres nos hicieron. Sí, —¡regálenselo! —gritaron todos. La pordiosera lo recibió con gusto y lo llevó a vivir bajo sus sucios trapos y a comer de sus mendrugos. Pero se llevó una sorpresa cuando lo quería obligar a mendigar y a robar. El niño se rehusaba y le gritaba: —¡*Soy el hijo del Rey, jamás robaré, ni mentiré!* La mujer le daba de golpes y palos, pero jamás consiguió que el niño mendigara, robara o mintiera. Se dice que murió bajo los malos tratos, pero se mantuvo diciendo: —¡Soy el hijo del Rey, soy el hijo del Rey! Estoy seguro de que esa historia puede inspirarnos y mantener fresca en nuestra mente la convicción de que somos hijos del Rey de Reyes y que siempre seremos distintos.

PERIODOS DE LA IGLESIA CRISTIANA

La anterior categorización se refiere a la historia general. La historia cristiana tiene la suya. El libro de texto clásico en los Institutos Bíblicos, escrito por Jesse Lyman Hurlburt, "Historia de la Iglesia Cristiana'" habla de seis períodos generales. A saber:

Periodos cristianos	
Iglesia apostólica	Desde la ascensión de Cristo (Nótese que la fija en el Año 30 d.C.) hasta la muerte de Juan el teólogo (100 d.C.).

EDADES HISTÓRICAS Y PERÍODOS CRISTIANOS

Iglesia perseguida	Desde la muerte de Juan, hasta el edicto del Emperador Constantino (313 d.C). El llamado Edicto de Milán pidiendo tolerancia para la fe cristiana, en varios lugares se legalizó el cristianismo[1].
Iglesia imperial	Desde Constantino, hasta la caída de Roma (476 d.C) en poder de los bárbaros. La deposición del emperador marca el comienzo de la Edad Media.
Iglesia medieval	Desde la caída de Roma, hasta la caída de Constantinopla, la otra capital del imperio romano, (1453 d.C) en poder de los turcos otomanos quienes convierten la famosa iglesia de Santa Sofía en una mezquita. Cristianos huyen llevando manuscritos bíblicos, literarios y científicos
Iglesia reformada	Desde la caída de Constantinopla (así nombrada en honor de Constantino) hasta el fin de la guerra de los treinta años (1648 d.C).
Iglesia moderna	Desde la guerra de los treinta años (entre católicos y protestantes en Alemania, que concluyó con la paz de Westfalia firmada en 1648), hasta la actualidad.

Para encuadrar *"el río teológico"* que abarca 2000 años, se pueden seguir esas edades generales como marco, con las respectivas particularidades de cada época.

---

1 Cronología de la Historia de la Iglesia: Breviario publicado por Rose Publishinq. Nashville TN.

CAPÍTULO 3

ERAS CRISTIANAS DESDE EL SIGLO I HASTA LA REFORMA

Citamos ahora al reconocido historiador Justo L. González y su división de SEIS ERAS desde el primer siglo hasta la Reforma, ubicando dentro de ellas a los principales exponentes[2]. Veamos:

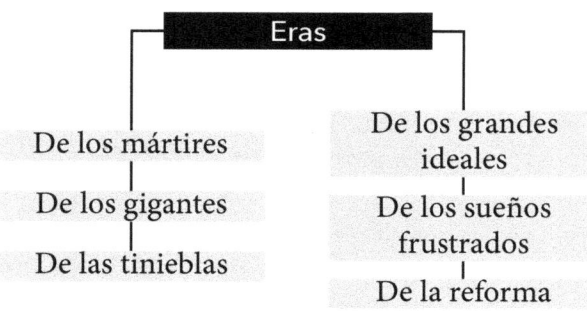

Siguiendo su clasificación de esas eras o épocas que llegan hasta la Reforma y mencionando algunos de los personajes que él incluye, me permito hacer la siguiente presentación, citando a otros autores e historiadores, a fin de enriquecer esta sección. No olvidar que nuestro estudio teológico se prolongará después de la Reforma hasta el Siglo XXI.

ERA DE LOS MARTIRES

Muchos países y organizaciones han elaborado listas de personajes que han vivido, luchado y aun sido muertos a través de los años, esforzándose por los ideales que ellos representan. El cristianismo tiene también su *"Salón de la Fama"* (Hall of Fame).

Todos hemos leído la lista heroica que nos presenta el Capítulo 11 de la Epístola a los

---

2   El Legado de Nuestra Fe: Historia de la Iglesia hasta la Reformo". DVD preparado por la Iglesia Luterana de América.

Hebreos que se refiere a una época precristiana. También los primeros siglos del cristianismo llenaron los nichos de honor en el Cielo. Recordemos algunos nombres, en esta primera época que va desde mediados del Primer Siglo hasta principios del Siglo IV, cuando se promulga el Edicto de Constantino en el 313.

Aquí se ubican primeramente el martirio del Apóstol Pedro por el Año 67, quien como se cree murió crucificado. -la tradición agrega que Pedro pidió ser crucificado de cabeza, pues no se comparaba en absoluto con su salvador- y del Apóstol Pablo por el Año 68, que tal vez murió decapitado. Estos martirios pudieron haber ocurrido dos años antes, pues las fechas no son seguras. Hurlbut comenta que es irónico, que en los sitios donde Nerón quemó a tantos cristianos como "antorchas vivas", mientras se paseaba en su carruaje, son ahora el asiento del Vaticano -casa del Papa y las oficinas administrativas del catolicismo junto a la Basílica de San Pedro.[3]

Junto a los Apóstoles Pedro y Pablo - desde luego sin olvidar a Jacobo, hermano de Juan y a Esteban el primer mártir- Se destacan en esta época: Policarpo, obispo de Esmirna quien, al ser instado en el Año 155, a maldecir a Jesús para salvarse de la hoguera, pronunció esas palabras que han servido de inspiración a tantos mártires por los pasados 20 siglos: *"Ochenta y seis años le he servido y todo lo que me ha hecho es bien, ¿Cómo*

---

3 Ibid, Historia de la Iglesia Cristiana por Jesse L Hulbert. Pag. 37

CAPÍTULO 3

podría maldecir a mi Señor y Salvador?". Se dice que fue el primero en emplear el término "escrituras" para referirse a la Biblia.[4]

Justino Mártir, cuyo libro Apología, una refutación a filósofos griegos, aún se lee, murió martirizado en Roma por el año 166 y quien consideraba la Septuaginta, como la única versión fiable del texto del A.T. **Leonidas**, el padre del gran teólogo Orígenes murió decapitado en Alejandría. En el 203, las fieras destrozaron en la ciudad de Cartago a **Cipriano** obispo de esa ciudad y a **Sixto** obispo romano.

Como se sabe, el emperador romano Diocleciano del 303 al 310 ordenó una de las más sistemáticas persecuciones de esa época, que incluía quemar las biblias, derribar los templos y aún quitar la ciudadanía a quienes no renunciaran a su religión cristiana, para dejarlos sin la protección de la Ley. En algunos lugares encerraban a los creyentes en sus templos y los incendiaban. Todo terminó cuando el Emperador Constantino sin ser cristiano todavía, expidió su memorable Edicto de Tolerancia en el Año 313. Por lo menos no hubo más persecuciones mientras duró el Imperio Romano.

---

4 Cronología de la Historia de la Iglesia, Breviario publicado por Rose Publishing

ERA DE LOS GIGANTES

Gracias al Edicto de Tolerancia expedido por Constantino, la iglesia respiró más tranquila y se pudo reunir masivamente sin temor. Pronto se celebró el llamado Concilio de Nicea en el 325, cerca de Constantinopla, considerado el primer Concilio Ecuménico de la Iglesia Cristiana, la cual con todo y lo que sea, en esos primeros años era una sola. En este Concilio sobresale la actuación de Atanasio, Obispo de Alejandría, logrando la definición de la divinidad del Señor Jesús, la doctrina de la Trinidad y la elaboración del importante Credo Niceno que todavía sirve de base a las declaraciones. Se dice que fue el primeo en utilizar el término canon en el 367 d.C. para referirse a los libros reconocidos del A.T. y del N.T.[5]

Además, se destacan en esta época Eusebio de Cesárea, llamado el Padre de la Historia Eclesiástica, por los extensos volúmenes que escribió. Juan Crisóstomo, el del "Habla de Oro", obispo de Constantinopla, quien por sus críticas a los derroches de la Corte fue desterrado. También Ambrosio de Milán, que aún tuvo el valor de no dejar al Emperador Teodosio participar en una ceremonia.

Mención especial se merece Jerónimo, "el Cicerón Cristiano" (340-420) quien hizo de Belén su residencia en un retiro total para dedicarse a traducir las Sagradas Escrituras al latín. Su trabajo fue tan completo, que la Iglesia Católica al inclinarse por hablar y

---

5 Ibid, Canon de las Escrituras Pag 17 y 76

CAPÍTULO 3

> escribir esa lengua, en lugar del griego, ha mantenido esa Biblia como base en sus traducciones: la famosa "Vulgata Latina". De hecho, fue la Biblia que el alemán Gutenberg imprimió en 1456, cuando inventó la imprenta de *"tipos móviles"*.[6]

Nota contemporánea

cuando vino la Reforma, la Iglesia Católica hizo del latín su lengua universal, no sólo para sus sacerdotes y libros, sino para el pueblo también a la hora de la misa. Eso contribuyó a la ignorancia de las masas, pues mucho menos entendían el significado de la liturgia. Cuando Juan XXIII el llamado *"Papa bueno"* convocó al Concilio Vaticano el 11 de octubre de 1962, pocos se imaginaban los cambios que se lograrían. De 1962 a 1965 se reunieron por primera vez dignatarios católicos con líderes de la Iglesia Ortodoxa, de la Anglicana y representantes de iglesias protestantes. 16 documentos se produjeron haciendo cambios en la misa, (participación de laicos, lenguaje del pueblo, texto y forma de la liturgia) más, la autoridad a los obispos, participación de los laicos en variadas actividades, desconocimiento de unos 200 santos que jamás existieron o fueron reconocidos como tales (el pueblo jocosamente los llamó "los santos descontinuados", entre ellos el santo de los choferes) y una mayor aceptación de otros cristianos. A los protestantes nos llamaron oficialmente "hermanos separados" y ya no herejes. Tal vez lo más importante fue: invitación a los católicos a leer la Biblia y darle "el mismo lugar que la tradición de la iglesia".

Desde luego que en esta época de pensadores distinguidos se destaca la figura de Agustín, obispo de Hipona, (354-430) -hoy Argelia en el norte de África- llamado el *"Doctor de la Gracia"*, comparado con San Pablo, viviendo a finales del Siglo IV escribió sus *"Confesiones"*, creando el género de la autobiografía espi-

---

6 Cronología de la Historia de la Iglesia. Breviario por Rose Publishing1 Nashville TN.

ritual y la famosa *"Ciudad de Dios",* que es al mismo tiempo una crítica a los que decían que la declinación de Roma era porque habían dejado sus dioses y *"una utopía",* porque traza algo irreal que se puede realizar aquí en la Tierra. Escribió numerosos tratados contra donatistas, pelagianos y maniqueos.[7]

ERA DE LAS TINIEBLAS

Es una era paralela a la llamada "Edad Media" de la historia en general, donde pareciera que el tiempo se detuvo. Literariamente se olvidaron los clásicos griegos y latinos, políticamente el Imperio Romano se derrumbó, artísticamente no hubo exponentes importantes en la pintura, escultura o arquitectura. No se sabe de inventos importantes, de desarrollo industrial, de descubrimientos etc. Tristemente un estancamiento que duró casi 1000 años si se habla de la Edad Media como un todo.

Sin embargo, en este tiempo, por diversas circunstancias la Iglesia católica se afirmó. Se hizo dueña de las mentes y de los cuerpos. De los bienes terrenos y de las esperanzas espirituales. El poder, los lujos y los proyectos de dominio la corrompieron.

Frente a eso y un tanto como un grito de impotencia, los hombres santos o que querían vivir en santidad y que la sociedad cristiana volviera a sus raíces, prefirieron apartarse de la iglesia, irónicamente, sin dejarla.

Surgió el monasticismo o la vida de Monjes en conventos, lugares apartados y has-

---

7 Cronología de la Historia de la Iglesia. Breviario por Rose Publishing Nashville TN.

ta raros, como los ermitaños de los pilares, que vivían literalmente por años sobre una piedra a varios metros de la superficie, para no contaminarse con el mundo. Un enfoque bien intencionado, pero erróneo desde luego.

En este tiempo vivió **San Benito**, el fundador de los Benedectinos y sus rigurosas reglas para los internos, que luego se extendieron a otras "órdenes monásticas", aplicadas por cientos de años y en algunos casos hasta nuestro tiempo. En San Miguel del Escorial, cerca de Madrid, se ubica la lujosa cripta gigantesca en donde sepultan a los Reyes Españoles y a un lado se encuentra un gigantesco convento, donde a decir del guía que nos explicaba en una visita que realizamos con un grupo de "peregrinos" texanos; los que se internan, hacen "voto de silencio", no pronunciando jamás palabras, hasta su muerte.

Entre lo positivo, debe decirse, se celebró el Concilio de Calcedonia, en el 451 d.C. cerca de Constantinopla, en donde se confirmó lo aprobado años antes en otros Concilios. Se condenó el apolinarismo, monofisismo y el nestorianismo (se menciona más ampliamente en el capítulo 4) y se reafirmó la convicción correcta sobre Jesús, declarando su Ser como siendo 100% hombre y 100% divino, en una unión perfecta, lo que se llama también la *"Unión Hipostática del Verbo".*

Carlomagno, el famoso emperador, revivió el Sacro Imperio Romano, en un edicto firmado el 25 de diciembre del Año 800, a fin de unir a los países europeos y poder detener el avance musulmán, que venía avasallador. Recordemos que los árabes o moros, se establecieron en el sur de España, fundando los famosos califatos de Sevilla, Córdoba y Granada.

En nuestra visita a España nos dijo una guía sevillana: -Pardiez, recordad vosotros que en Sevilla se levanta la Giralda -catedral católica-, en Córdoba la mezquita y en Granada, la Alhambra con el Generalife, testimoniando la presencia de los moros. Los árabes o moros permanecieron por más de 700 años en el área, hasta los días en que la Reyna *Isabel "la católica",* patrocinadora de Cristóbal Colón en 1492, los expulsó de España. Por eso tantos vocablos moriscos en el español.

Es la época en que surgen los señores feudales, dando origen al Feudalismo. También en este tiempo, en 1054 ocurre el *Gran Cisma entre las Iglesias Griega y Latina,* con cabeza en Constantinopla representada por el Patriarca Miguel Cerularius y la latina en Roma con su Papa León IX excomulgándose una a la otra. Esto duró hasta 1965 cuando Pablo VI y el Patriarca Athenágoras se levantaron las mutuas excomuniones. Tuvieron que pasar 900 años.

Desde luego cada una sigue oficiando bajo sus propios dogmas, ritos y estructura de gobierno. La Iglesia Católica tiene como su capital a Roma y la Iglesia Ortodoxa tiene sus sedes principales en Rusia y en Grecia.

CAPÍTULO 3

LA ERA DE LOS ALTOS IDEALES

Justo L. González le llama así porque es el tiempo de los Papas más famosos, como León IX, Gregorio VII e Inocencio III; es el tiempo de las Cruzadas que movilizaron cientos de miles de guerreros, para ir a reconquistar el Santo Sepulcro en poder de los musulmanes y también la época en que se construyeron las grandes catedrales con sus altas torres, como un grito de desesperación por parte de la humanidad entendida y anhelante, para salir del oscurantismo y lo que la ataba a las miserias de la tierra.

Santo Tomás de Aquino con su "Suma Teológica" representa el lado espiritual de la Era, hablando de un sistema teológico equilibrado, que le abre paso a la ciencia. Debe mencionarse a San Francisco Javier y sus huestes, llegando a América y hasta el lejano oriente. A la orden de "los Dominicos" y su régimen de pobreza. También debe decirse que es la época del Escolasticismo y de las grandes Universidades, donde resurge Aristóteles en lugar de Platón.

LA ERA DE LOS SUEÑOS FRUSTRADOS

Se ubica entre los siglos XIV y XV, siendo el escenario de la llamada *"Guerra de los Cien Años"* entre Francia e Inglaterra.

La Iglesia Católica vive uno de los momentos más vergonzosos, que tal vez no se mencionan en sus textos de historia: cuando la gobiernan al mismo tiempo 2 Papas, luego 3 y casi 4. Primero dos en Roma y en Aviñón,

Francia, de 1309 a 1377, bajo el apoyo del gobierno francés. Es el llamado Gran Cisma de Occidente.

Positivamente hablando, es la época de Pre-Reforma o de los precursores de los reformadores, en donde surgen hombres valientes que se enfrentan a la poderosa Iglesia establecida, señalando sus excesos y sobre todo sus errores doctrinales. Entre otros:

1. Juan Wycliffe (1329-1384)

Sacerdote de Inglaterra, a, traductor de la Biblia del latín al inglés. Llamado "Estrella de la mañana de la Reforma", propone que la Biblia vuelva al pueblo. En su honor en 1934 se funda la Wycliffe Bible Translators que ha traducido ya la Biblia a más de 2000 idiomas y dialectos[8]. En México se le llamó Instituto Lingüístico de Verano, apoyado por el presidente Lázaro Cárdenas.

2. Juan Huss (1369-1415)

Rector de la Universidad de Praga en Checoeslovaquia criticó la vida mundana de los clérigos y que se prohibiera ofrecer la copa de vino a los comulgantes en el oficio de la misa. Fue condenado a la hoguera por acuerdo del Concilio de Constanza en 1415, el mismo que decidió que renunciaran todos los Papas existentes y se quedara sólo el de Roma.

---
8 Cronología de la Historia de la Iglesia. Breviario de Rose Publishing. Nashville TN.

CAPÍTULO 3

3. Jerónimo Savonarola: (1452-98)

Fraile dominico de Florencia, Italia, fue quemado por hereje, cuando no resistió el Clero sus sermones incendiarios, reprochando su conducta, bajo el papa Alejandro VI[9].

4. Erasmo de Rotterdam (1466-1535)

Monje intelectual holandés que publicó el Nuevo Testamento en griego en 1516, el cual mucho ayudó a la traducción alemana de Lutero, a la traducción española de Casiodoro de Reina y aun a los traductores de la Biblia King James, que en el 2011 cumplió 400 bendecidos años, con muchas celebraciones y ediciones en el moderno Inglés.

Como se ve las inquietudes permeaban toda Europa. Faltaban los dilectos pensadores alemanes, suizos y franceses.

LA ERA DE LA REFORMA

Esta época tan importante se trata con mayor amplitud en el Capítulo 5.

---

[9] Cronología de la Historia de la Iglesia. Breviario por Rose Publishing, Nashville TN.

 **Contestando por deducción**

1. Anote los eventos importantes que se han usado para dividir las Edades Históricas.
2. Escriba brevemente los eventos cristianos o históricos que dividen los períodos cristianos.
3. Repita la frase de Policarpo antes de morir y otra palabra que él comenzó a usar.
4. ¿Por qué hecho se recuerda al emperador Constantino principalmente?
5. ¿Cuál es la importancia del Concilio de Nicea?
6. ¿Qué hechos notorios se pueden decir de Atanasio?
7. ¿Cuál fue la parte de Jerónimo?
8. ¿Y qué se puede decir de Agustín de Hipona?
9. ¿Cómo pudiera describirse la Edad Media?
10. ¿Cuáles fueron las aportaciones de Wycliffe, Huss y Savonarola?
11. ¿A quiénes ayudó la traducción de Erasmo el Holandés?

CAPÍTULO 3

 **Pensando Inductivamente**

1. En la Edad Contemporánea han sucedido muchos eventos, ¿cuál edad se pudiera sugerir siguiendo a ésta y de dónde a dónde?
2. Si se celebrara un 3er. Concilio Vaticano o alguno con otro nombre, ¿qué le gustaría que se aprobase?
3. ¿Qué piensa sobre el Gran Cisma de 1054 que dio origen a la Iglesia Ortodoxa Griega frente a la Iglesia Católica Romana?
4. El Gran Cisma de Occidente es diferente, ¿en qué consistió?

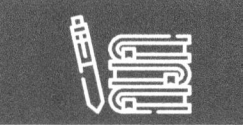

Trabajos optativos asignados por el maestro

1. Investigar y detallar los acuerdos más importantes de los primeros Concilios.
2. ¿A qué se le llama Monasticismo?
3. ¿Qué pudiera describir lo que es el Escolasticismo?

Capítulo 4

DEFENSORES DE LA FE VS HEREJÍAS

CAPÍTULO 4

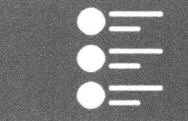 **Bosquejo**

1. 10 Personajes defensores de la fe y la ortodoxia:
   - Policarpo de Esmirna.
   - Tertuliano de Cartago.
   - Irineo de Francia
   - Eusebio de Cesárea.
   - Los 3 Padres Capadocios.
   - Juan Crisóstomo.
   - Ambrosio de Milán.
   - Atanasio.
   - Agustín de Hipona.
2. Doctrinas controversiales o herejias:
   - Gnosticismo.
   - Antinomianismo.
   - Arrianismo.
   - Sabelianismo.
   - Apoliniarismo.
   - Nestorianismo.
   - Monofisismo.
   - Subordinacionismo.
   - Triteísmo.
   - Docetismo.

- Deísmo.
- Teísmo.
3. La santisima trinidad: credo apostólico y niceno.
    - Credo Apostólico.
    - Credo Niceno.
    - Definición de Calcedonia.
    - Símbolo de Atanasio.

CAPÍTULO 4

Doctrinas principales que se discutieron en los primeros siglos y que contribuyeron a formar los credos posteriores en la iglesia católica y en las diversas confesiones de Fe.

10 PERSONAJES DEFENSORES DE LA FE Y LA ORTODOXIA

1. Policarpo de Esmirna

(70-155)

Ante la petición de que renunciara a su fe en Jesús expresó:

"80 años ha, que le sirvo y ningún mal me ha hecho, como puedo maldecir a mi Señor".

Ya lo mencionamos antes en "el Salón de la Fama"

2. Tertuliano de Cartago[1]

(150-222)

Levantándose valientemente contra la injusta persecución y combatiendo la herejía enseñada por Marción, que hacía una distinción entre el Dios del AT, -de una justicia implacable e inmisericorde, decía él- *contraponiéndolo contra el Dios del NT, Cristo Jesús, un Dios de Amor y de misericordia*[2].

---

1 Tertuliano es ubicado como residente en la famosa ciudad de Cartaqo, dentro de la Tunisia actual, en el norte de África. Pág. 84 del Canon de la Escritura, por F.F. Bruce, ED CLIE1 Barcelona 2002. Cartago fue un importante rival de Roma - recuérdense las guerras púnicas- hasta que ésta la derrotó en el 146 a.C.
2 Prólogos Marcionistas. Citado por Dice. Bíblico Ilustrado ED. CLIE P'ag 962

3. Irineo

Francia
140-203 d.C

Combatiendo los ataques internos y externos. Por el año 180, ya mencionaba a la mayoría de los libros del Nuevo Testamento, que nosotros aceptamos hoy, como parte del Canon.

4. Eusebio de Cesárea

263- 340 d.C

Considerado el padre de la historia eclesiástica y por ser "el más grande filólogo de la Iglesia antigua".

5. Basilio de Cesárea, Gregorio de Nysa y Gregorio de Nazancio

381 d.C

Los tres padres capadocios que guiaron el Concilio de Constantinopla. El cual ayudó a definir la doctrina de la Trinidad. El Credo Niceno fue reafirmado en el Concilio de Calcedonia en el 451 con una declaración adicional.

6. Juan Crisóstomo

347 -407 d.C

Fue uno de los precursores de una larga lista que se opondría a los derroches de la iglesia. Aun cuando ésta era incipiente.

7. Ambrosio de Milán

340 -397 d.C

Comenzó a usar el Latín, que a la postre se convirtió en el lenguaje oficial de la Iglesia Católica. Tuvo el valor de prohibir al Emperador Teodosio que participara en el culto, por cierta creencia contraria. Se dice que bautizó a Agustín.

CAPÍTULO 4

8. Atanasio

(296-373)

Obispo de Alejandría a la edad de 30 años, principal defensor contra Arrio. Sostenía que Cristo era coexistente y coeterno, y que compartía la misma esencia con el Padre. En su nombre se elaboró el famoso *"Símbolo de Atanasio"* que evitó los extremos del sabelianismo (la distinción entre las tres personas de la trinidad) y del triteísmo (la creencia en tres dioses distintos en la trinidad). El Símbolo termina con estas palabras.

"Por lo tanto hay un solo Padre y no tres; un solo Hijo y no tres; un solo Espíritu Santo y no tres. Y en esta trinidad no existe nada primero ni postrero; nada mayor o menor. Empero las tres personas coeternas son co-iguales o mutuamente iguales entre sí; de manera que a través de todo, como se ha dicho arriba, tanto la unidad en la trinidad como la trinidad en la unidad deben de adorarse".

Atanasio fue castigado por el emperador Constantino mandándolo hasta el extremo del imperio en Traer, Alemania del 335 al 337. Su exilio terminó cuando murió éste. No aceptaba que Arrio fuera de nuevo Presbítero, a menos que suscribiera los acuerdos del Concilio de Nicea. Básicamente pedía que Arrio aceptara que Jesús era *"homoousion to patri"*: de una substancia con el Padre[3].

Al oír que decían: *"Atanasio todo el mundo está contra ti"*, pronunció su famosa frase: *"Entonces, Atanasio está contra todo el mun-*

---

3 History of Theology por Roger E. Olson & A. English Pág. 32. Inter Varsity Press, Downes.Grove, ILL 2005.

do" y siguió defendiendo por el resto de su vida los acuerdos de Nicea. También aquel hermoso principio: "Él se hizo hombre para que nosotros nos pudiéramos hacer Dios". Para Atanasio, negar la eterna deidad del Hijo, era una seria ofensa para el Padre. Años después el Concilio de Capadocia en el 381, confirmó el credo y desechó el arrianismo.

"Negar la eterna divinidad del Hijo es una seria ofensa contra el Padre, por lo que un asalto contra el Hijo va dirigido hacia el Padre"[4].

Atanasio combatió eficazmente las enseñanzas de Arrio (250-336) el presbítero alejandrino y su doctrina errónea que negaba la plena deidad de Jesucristo y del Espíritu Santo. Arrio enseñaba que "la esencia de Dios no puede ser compartida o comunicada y que por lo tanto es indivisible e inmutable". Además, el logos o Hijo es una criatura de Dios y fue creado antes de la creación del universo. "Hubo un tiempo cuando no era" Se le puede llamar "Dios" o "Hijo de Dios" como un título de cortesía. El Concilio de Nicea en el 325 condenó sus enseñanzas y Atanasio lanzó su famosa declaración que es válida en todo tiempo cuando se levantan herejías: "Para cada Arrio existe un Atanasio".

---

4 Ibid, Pág. 34

CAPÍTULO 4

9. Jerónimo

(340-420)

Vivió en Palestina y tradujo la Biblia al Latín por el 405 D.C, Su obra se llama "la Vulgata Latina" que se usó por 10 siglos y que es la base de las traducciones católicas. Debe decirse que Jerónimo prefirió el Canon Hebreo y no los agregados de la Apócrifa, tales como Tobit, Judith o Sabiduría- él fue el erudito que los llamó apócrifos (escondidos, ocultos, espurios)-. Jerónimo los tradujo del griego, idioma en el que se escribieron. Precisó siempre que eran libros edificantes, pero no autoritativos como los otros[5]. En algún momento la iglesia católica los incluyó como inspirados, tal y como aparecen en sus Biblias juntos con otros (desoyendo a Jerónimo)[6].

Debe decirse que aún Martin Lutero, siguió a Jerónimo aceptando como inspirados, sólo los libros del Canon Hebreo.[7] Hoy en día, algunas biblias publicadas por las Sociedades Bíblicas incluyen los libros apócrifos o deuterocanónicos, (parte de un segundo canon) pero los colocan separados, usualmente entre los 2 testamentos.

10. Agustín

(354-430)

Obispo de Hipona (Argelia-Tunicia) en el norte de África. Sus "Confesiones" inician el género autobiográfico espiritual. "La ciudad

---

5 El Canon de la Escritura, obra citada. Pág. 92
6 Artículo por Criag S. Keener en Charisma Magazine enero 2011, Pág.57" How Did We Get the Bible?"
7 Ibid

de Dios" realza el cristianismo desterrando los dioses greco-romanos. Es llamado "el doctor de la gracia" por su énfasis en la "gracia pura e inmerecida" de Dios, así como la doctrina de la predestinación y la gracia irresistible que desarrolló Calvino. Es el principal responsable de la inclusión de los libros apócrifos. Curiosamente, con su particular "arreglo" de los libros históricos y los poéticos, hizo llegar el número de los libros del AT a 44, mientras el Canon Hebreo sólo tenía 22.[8]

A través de sus escritos Agustín combatió el pelagianismo en forma aguda,(Pelagio, un monje británico enseñó por el Año 420 d.C. que no existía el pecado original y negaba la necesidad de la gracia divina, como esencial para la salvación, entre otras cosas) por eso a veces fueron mal interpretados los conceptos de Agustínsobre la gracia, la salvación y los efectos del pecado[9], tildándolo de que desarrolló un "monorgismo" es decir que la salvación toda depende de Dios (Calvino explotó ese aspecto para desarrollar su concepto de "predestinación").

Aunque Agustín jamás le quitó responsabilidad a los seres humanos, tanto colectiva como individualmente, por considerarlos un instrumento de la gracia o de la ira de Dios. El mismo, leyendo a San Pablo en un jardín de Milán en Italia, tomó la decisión de vivir una vida de castidad.[10]

---

8   El Canon de la Escritura, obra citada Pág. 95
9   History of Theology, obra citada Pág.51
10 Enciclopedia Brittanica, World Religions, Artículo sobre Agustín, Obispo de Hippo (Hipona) la actual Annaba, Argelia; muy cerca de Cartago, la actual Tunez en Tunisia,

CAPÍTULO 4

Agustín combatió también las herejías llamadas, maniqueísmo (aquellos que insistían en que Dios es el autor del bien y del mal) y donatismo (un grupo cismático).

F.F. Bruce en su libro ya mencionado "El Canon de la Escritura" compara a Jerónimo con Agustín, diciendo que éste era fuerte en lo que aquel era débil; Agustín, en su poder como pensador teológico-y débil en lo que Jerónimo era fuerte, en su capacitación lingüística, dado que aquél no sabía hebreo.[11] Evangélicos y Católicos deben mucho al pensamiento agustiniano, aunque a veces desconcertados con los elementos irreconciliables en su doctrina. Por ejemplo, al citarlo como campeón de la libertad humana y al mismo tiempo como defensor extremo de la divina predestinación. Así mismo sus conceptos sobre la sexualidad humana, que fueron un tanto humanos y al mismo tiempo opresivos.[12]

DOCTRINAS CONTROVERSIALES DURANTE VARIOS SIGLOS

Estas surgieron básicamente en las siguientes cuatro áreas:

1. En relación con la persona de Cristo.
2. En relación con la Trinidad.
3. En relación con la gracia divina y el libre albedrío humano.
4. En relación con la autoridad de las Sagradas Escrituras. (es re-

---

norte de África.
11 El Canon de la Escritura, obra citada Pág. 93
12 Enciclopedia Británica. World Reliqions, artículo sobre Agustín.

comendable leer "La declaración de Chicago en 1978, sobre la Inerrancia Bíblica" Wayne Grudem la cita y de allí hacemos una síntesis en el Cap. 9 de este texto.)[13]

El trato de la doctrina sobre la Justificación por la Fe sería fundamental en el tiempo de la Reforma. La Escatología y la obra del Espíritu Santo se revisarían siglos después.

GNOSTICISMO

Viene de *gnosis*: conocimiento. Sistema del primer siglo que enseñaba que la salvación se obtenía por medio de un conocimiento secreto o *"gnosis"*. Conocer lo divino, más que creerlo. *Gnosis* vs *pistis* (fe)

Decían que Dios es demasiado grande y santo para haber creado el mundo material con tanto contenido de bajeza y corrupción. La materia se equiparaba con el mal. Si el hombre buscaba la salvación, podría lograrla renunciando al mundo material y buscando el invisible. Hablaban de niveles de comprensión, interpretando a su manera lo dicho por Pablo en 1 Co. 2:14 y 3:2. Que los corintios estaban aún "hylic" es decir, no habían pasado el primer nivel de entendimiento. Ven al mismo Pablo en un avance: de 2 Co. 3:6-5:16.

Lo dicho en Gá. 1:15-16 *"Dios reveló a su hijo "en mí", más que "a mí".* Lo interpretan como que Pablo menciona a Jesús como el divino conocimiento viniendo a salvar a la humanidad, más que una persona física o criatura.

---

13   Doctrina Bíblica por Wayne Grudem, ED VIDA Miami 2005

CAPÍTULO 4

Gálatas 2:20 *"ya no vivo yo" "mas vive Cristo en mí"* lo toman como un apoyo a sus enseñanzas.

Debe decirse que por lo menos dos contradicciones surgen dentro del gnosticismo:

- *El ascetismo* (misticismo) recalcando que el cuerpo como materia que es, intrínsecamente malo y debe conservársele bajo estricto dominio. Pablo tal vez menciona esta herejía en Col. 2:21-23 y en diversos versículos del Capítulo 2.

- *El espíritu es real y el cuerpo irreal.* Si el cuerpo es nada más temporal, sus actos no tendrán consecuencias. La plena gratificación de sus deseos no afectará la salvación final del espíritu, el único que ha de sobrevivir. Negaban la plenitud de la divinidad de Cristo. Contrario a lo dicho en Col 2:9: *"... porque en él habita corporalmente toda la plenitud de Cristo"*. Debe decirse que el gnosticismo no ha desaparecido. Se le ha revivido por diversos pensadores en variadas corrientes e interpretaciones.

ANTINOMIANISMO

Del griego *anti*: contra; y *nomos*: ley, una doctrina que enseñaba que los cristianos son libres por la gracia y no tenían que obedecer la Ley Mosaica, pero sobre todo rechazaban la mera noción de obediencia como algo legalista. Surge la doctrina desde el principio, junto al gnosticismo.

En la Epístola de Judas se les combate, dado que enseñaban que la salvación por gracia les permitía pecar sin ser condenados y negaban con desdén la revelación apostólica sobre el Señor Jesucristo (v.4) y ya habían dividido algunas iglesias en cuanto a la fe (v.19-22) y en cuanto a la conducta (v 4,8,16).[14] Obsérvese que "la fe" y "la conducta" son los dos pilares básicos que hacen selecto al cristianismo y son las áreas más atacadas por los "impíos" (v.15).

ARRIANISMO

Doctrina errónea que niega la plena deidad de Jesucristo y del Espíritu Santo, (ver nota sobre Atanasio al principio de este capítulo). Aunque el primer concilio ecuménico, el llamado Concilio de Nicea celebrado en el 325 d.C., condenó el arrianismo, éste siguió propagándose gracias a que los emperadores que siguieron a Constantino, lo apoyaron. Fue hasta la realización del 2º concilio ecuménico en Constantinopla, en el 381 d.C. que el arrianismo fue proscrito y el Credo Niceno, endosado nuevamente con un agregado. En tiempos modernos algunos Unitarios son virtualmente arrianos. así como los Testigos de Jehová, que aún consideran a Arrio como el teólogo que inspiró a C.T. Russell, el fundador del movimiento.[15]

---

14   Biblia de Estudio Pentecostal ED VIDA, Deerfield FL 1993, Pág. 1844.
15   Enciclopedia Británica 2008 citada, artículo sobre Arrianismo.

CAPÍTULO 4

SABELIANISMO

Sabelio originario de Libia, por el 220 d.C., enseñó una variante del "*modalismo*", es decir que el Padre, el Hijo y el Espíritu Santo son simplemente modos, aspectos o nombres con que se manifiesta Dios.

Esta doctrina se derivó del "*Monarquianismo*" que resaltaba la monarquía o deidad única del Padre, o sea "la absoluta divinidad e indivisibilidad de Dios".

Dios se manifestó como Padre en la creación, como Hijo en la redención y como Espíritu Santo en la santificación, pero que estas distinciones no fueron últimas o permanentes.

En nuestros días los Unitarios y sus ramas, como Apostólicos y otros, apoyan el sabelianismo.[16]

APOLINARISMO

Apolinario, obispo de Laodicea por el 361, sostenía que Cristo tuvo un cuerpo humano, pero no mente ni espíritu humano. Y que la mente y el espíritu de Cristo pertenecían a la naturaleza divina del Hijo de Dios.

El Concilio de Constantinopla lo rechazó en el 381 D.C.

---

16   Ibid Artículo sobre Sabelianismo

NESTORIANISMO

Doctrina propagada por Nestorio Obispo de Constantinopla desde 428 d.C. enseñando que había 2 personas separadas en Cristo, una persona humana y una persona divina. No hay referencias bíblicas para apoyar que Cristo tuviera 2 personas distintas o sea que la naturaleza humana sea una persona independiente que pudiera hacer algo diferente de la naturaleza divina de Cristo. Lo que se tiene es un cuadro constante de una sola persona que actúa en totalidad y unidad. Jesús siempre habló de "yo" y no de "nosotros" aunque se podía referir así mismo y al Padre como" nosotros" (Jn. 14:23). La Biblia siempre habla de "él" y no de "ellos". Es decir, una sola persona, aunque poseyera una naturaleza humana y una naturaleza divina.

MONOFISISMO

Herejía del Siglo V que sostiene que Cristo tenía solo una naturaleza, mezcla de las naturalezas humana y divina (del griego: *monos*: uno y *físis*: naturaleza). *Eutiquianismo*: otro término para el Monofisismo nombrado por el monje del Siglo V. Eutico.

SUBORDINACIONISMO

Enseñanza herética de que el Hijo era inferior o subordinado en su ser a Dios Padre. También se le llama subordinación ontológica, pero es diferente de la subordinación económica que ha sido la creencia histórica de la iglesia.

CAPÍTULO 4

TRITEISMO

Creencia de que hay tres dioses. Es bueno conocer aquí lo que significan dos términos importantes:

- *Trascendente:* Término usado para describir a Dios como siendo más grande que la creación e independiente de ella.

- *Inmanente:* Término que se emplea para expresar que Dios está envuelto en su creación y es parte integrante de ella, lo cual es cierto. El extremo recae en los panteístas que afirman: "dios es todo y todo es dios".

DOCETISMO

De *dokeo*=parecido, parece ser. Herejía que sostiene que Jesús no fue hombre, sino que parecía ser. Es decir que Jesús no tuvo un cuerpo real o natural. La herejía se basa, como el gnosticismo, en que la materia es impura o imperfecta y que por tanto todos los actos en la vida de Cristo, incluyendo la crucifixión, la resurrección y la ascensión a los cielos fueron meras apariencias. En 1 Jn. 4:1-3 y en 2 Jn. 7, se le llamó doctrina del anticristo. Juan entendió que negar la humanidad de Jesús era negar la misma médula del cristianismo que presenta su humanidad para obediencia representativa (Rom. 5:18-19) y para sacrificio sustituto (1 Tim. 2:5). Algo de los Mormones y de los Testigos, cae en este renglón.[17]

---

17 Ibid Artículo Sobre Docetismo

DEISMO

Creencia en donde se ubican los que aceptan que un Dios creador existe, pero después de que puso el Universo en movimiento, se retiró, no teniendo más interacción con lo creado. Como no es un Dios que se envuelve con lo que hizo, no necesita y no quiere adoración. Aún se van al extremo de que a Dios no le importa si la humanidad cree en él y por tanto no hay razón para que le hable a través de profetas o representantes. Dios en su sabiduría, creo todo correcto de tal manera que no hay necesidad de hacer correcciones, por lo que no se necesitan visones, milagros o manifestaciones sobrenaturales.

Agregan que como no se manifiesta directamente, puede ser sólo entendido a través de la razón y del estudio del Universo que Él creo. Con todo, debe decirse que los deístas tienen una vista positiva de la existencia humana, reconociendo la grandeza de la creación y las facultades garantizadas a la humanidad, tales como la habilidad para razonar.

Ven a la religión organizada como de beneficio para la gente pues marca normas altas de moralidad y de servicio a la comunidad. El deísmo surgió más fuerte en los siglos XVII y XVIII con el llamado "Período de la Ilustración" o "Poder de la razón natural", tanto en Europa como en EE.UU. Tristemente se dice que fueron deístas muchos de los padres fundadores de la nación americana, entre ellos Benjamin Franklin, Tomás Jefferson y George Washington. Tal vez se exagera un poco. Veamos la reciente nota siguiente.

CAPÍTULO 4

DENNIS LINDSAY HABLANDO DESDE CHRIST FOR THE NATIONS

Dennis Lindsay, el presidente de Christ for the Nations en Dallas, escribiendo en el artículo *"Descubriendo las Raíces Americanas"*, en la revista que el Instituto edita, fechada en Noviembre 2010, menciona varias cosas hermosas sobre los padres fundadores en ocasión del día de Thanksgiving, citando mayormente al famoso historiador David Barton.[18]

Cada uno de los 56 firmantes de la Declaración de Independencia creían que la Biblia era divina verdad. Creían en el Dios de las Escrituras y su intervención en los asuntos de los hombres. Al consumarse la independencia aprobaron que se comprasen 20,000 Biblias para obsequiarlas al pueblo. Barton menciona que muchos historiadores claman que Thomas Jefferson era un deísta, pero él escribió al frente de su Biblia "yo soy un cristiano, es decir un discípulo de las doctrinas de Jesús. No tengo duda que nuestro entero país pronto será llevado a una unidad con nuestro Creador y espero que también a la pura doctrina de Jesús."

George Washington

En su discurso de despedida en 1796 expresó: *"es imposible gobernar el mundo sin Dios y sin la Biblia. De todas las disposiciones y hábitos que llevan a la prosperidad, nuestra religión y moralidad son los indispensables soportes. La moralidad nacional no puede prevalecer con la exclusión de los principios religiosos."* Cuánta razón tenía el primer presidente, decimos nosotros en este Siglo XXI, al mirar el decaimiento nacional.

John Adams

El segundo presidente sirvió como Chairman de la Sociedad Bíblica Americana y dirigiéndose a los líderes del ejército, les arengó: *"...no tenemos un gobierno armado con el poder capaz de contender con las pasiones humanos, sin estar verdaderamente convencido de*

---

[18] Christ For The Nations Magazine en su artículo "Discovering America's Roots" de Dennis Lindsay, Nov. 2010

la moralidad y de la verdadera religión. Nuestra Constitución fue hecha solamente para un pueblo moral y religioso. Es inadecuado para gobernar a otros".

John Quince Adams

El sexto presidente, hijo del segundo, también sirvió como chairman de la Sociedad Bíblica y consideró esa presidencia como su más importante rol en el servicio público.

John Joyel

Primer presidente de la Suprema Corte de Justicia escribió: *"es el deber y privilegio de esta nación cristiana, seleccionar y preferir a cristianos como sus gobernantes"*. La educación universitaria fue establecida también sobre principios cristianos. De las primeras 108 universidades fundadas en EE.UU., 106 fueron distintivamente cristianas, incluyendo la Universidad de Harvard fundada en 1636. Por más de un siglo, el 50% de sus graduados fueron pastores.

TEISMO

Generalmente este término se entiende como la creencia en un creador del Universo que está comprometido con su mantenimiento y gobierno. Este término designa toda concepción filosófica que admite la existencia de un absoluto, personal y trascendente Dios, oponiéndose por tanto no sólo al ateísmo (negación de Dios), al Deísmo (afirmación de un Dios personal, pero alejado de la naturaleza y de la historia y de la consiguiente imposibilidad del milagro), al panteísmo (identificación de Dios con todo).

El teísmo cae en el terreno de la filosofía y desde allí lleva a la razón humana a admitir

CAPÍTULO 4

esa realidad como principio y fundamento trascendente del Universo y de la historia.

La idea de lo absoluto en la mente humana, aquello por lo cual no se puede concebir algo mayor, y de ello deriva intuitivamente la existencia de Dios. Es el llamado argumento ontológico elaborado por San Anselmo en la Eda Media, que se esgrime frente a Emmanuel Kant, el filósofo alemán quien escribió que no se podía conocer a Dios por parte de la razón pura, sino por la razón práctica. (de allí sus dos libros famosos: Critica de la Razón Pura y Crítica de la Razón Práctica, de los que yo escuché tantas veces fragmentos en mi juventud y puedo agregar que Kant, sí afirmaba que se podía conocer a Dios. He citado varias veces una famosa declaración: "*...dos cosas me llenan siempre de asombro, un cielo tachonado de estrellas y el universo dentro de mí*". Sin embargo, en la concepción de Renato Descartes gracias a la demostración a priori de la existencia de Dios, el teísmo se convierte en teocentrismo.

Muchas veces se revive la contraposición radical entre el Dios de los filósofos y el Dios de Jesucristo, es decir el Dios de las Escrituras, que recuerda el memorial de Blas Pascal, donde sugiere que es razonable apostar por Dios, contra el absurdo de la opción opuesta, o sea, no creer en Dios.

LA APUESTA DE BLAS PASCAL

Este filósofo cristiano francés defendió su argumento con su famosa "apuesta". veámosla:[19]

Si apuesto a que Dios existe:

1. Y realmente existe, entonces lo he ganado todo. Recuerda que lo que se juega tiene que ver con la eternidad.
2. Y si no existe, no he perdido nada. También en este caso está la posibilidad de ganar algo si se valora más una vida buena, moral y piadosa, que una vida inmoral.

Si apuesto a que Dios no existe:

1. Y realmente existe, entonces corro el riesgo de perderlo todo, incluyendo la felicidad eterna.
2. Y si no existe, no he perdido nada. A no ser la posibilidad de la felicidad temporal, si a raíz de esta conclusión no encuentro el sentido de la vida.

Por lo tanto, aunque la posibilidad de ganar fuera de mil millones a uno en contra, la persona razonable apostaría su vida por Dios.

En mi libro "Teología Contemporánea en el Siglo XXI" menciono en el Capítulo 3: " Dios vs Ciencia", al profesor Francis Collins, quien fue el director del National Human Genome Research Institute y que desde 1993 encabezó un equipo multinacional de 2400 científicos que "mapearon" con éxito los tres billones de caracteres bioquímicos de nuestros planos genéticos. El presidente Clinton lo premió en el 2000 y el presidente Obama lo nombró en el 2008, Director Nacional del Departamento de Salud.

---

[19] Handbook of Christians Apologetics Pag. 28, Peter Kreeft & R. Tocelli, Inter Varsitiy Press, D. Grave IL 2003 sobre Bias Pascal.

CAPÍTULO 4

Pues bien, al final del debate, que mantuvo frente al ateo Richard Dawkins y que menciono en ese capítulo, digo que al Dr. Collins lo consideran algunos un teísta, pero no un "Teísta Evolucionista". Los teístas en general creen que Dios empleó un proceso gradual para hacer el mundo, y los segundos son los que creen que las formas desarrolladas de vida provienen de formas primitivas de vida que evolucionaron. Es decir, se cree en Dios, pero con interpretaciones distintas a lo enseñado en la Biblia.

La Enciclopedia Británica en su artículo titulado "Creationism" agrega:[20]

Los creacionistas "bíblicos" creen que la historia dicha en el Génesis, sobre la creación en seis días, es literalmente correcta. Los científicos creacionistas es posible que no crean en una historia literal, pero sí creen que un creador hizo todo lo que existe. Ambos creen que cambios en los organismos pueden envolver cambios dentro de una especie o mutaciones negativas (downward changes, o sea de más a menos; pero no de menos a más). Es decir, ellos no creen que cualquiera de estos cambios pueda llevar a la evolución de una especie simple o menor a una especie más alta o compleja. Por tanto, la teoría de la evolución biológica es disputada por todos los creacionistas. Hoy en día se maneja un término equivalente: *"intelligent design" (I.D)*, para significar la obra del Dios creador. Los creacionistas luchan en los Estados Unidos por lograr que la historia bíblica de la creación o por lo menos la idea de que el universo y los seres vivientes fueron divinamente creados, se enseñen en las escuelas públicas juntamente con las teorías de la evolución.[21]

LA SANTISIMA TRINIDAD

Como se sabe, la palabra "trinidad" no aparece en la Biblia (los Testigos de Jehová y los Apostólicos, nos recuerdan el hecho con sádico placer). Pero la gran mayoría de las religiones cristianas usan el

---

20 Enciclopedia Británica, artículo sobre Creacionismo.
21 El Diseño Inteligente, por el Dr. WA.Dembski, breviario de Rose Publishing. Nashville 2010

término "Trinidad" para designar la doctrina universalmente aceptada de que Dios existe eternamente como tres personas: Padre, Hijo y Espíritu Santo, que cada persona es plenamente Dios y que hay un solo Dios. No tres partes de Dios, ni tres nombres para la misma persona.

La Biblia de Estudio Pentecostal al comentar Mc. 1:11 ofrece una excelente definición que tan sólo se encuentra en *"los credos clásicos"*.

"El pasaje del bautismo de Jesús (Mt. 3:17; Mc. 1:11) muestra claramente la manera como Dios se revela como un ser que existe en tres personas distintas que comparten una naturaleza divina: Padre, Hijo y Espíritu Santo. (Otros pasajes: Mt. 28:19; 2 Co. 13:14; Ef. 4:4-6; 1 P 1:2; Jds. 20, 21) Así que Dios es singular (es decir, una unidad) en un sentido y plural (es señalar, tres) en otro.

- Las Escrituras declaran que Dios es un solo Ser; una unidad las Escrituras declaran que Dios es un solo Ser; una unidad perfecta de una sola naturaleza y esencia (Mc. 12:29; Dt. 6:4; Gá. 3:20). De las personas de la divinidad ninguna es Dios independientemente de las otras y cada una con las otras es Dios.

- El Dios único existe en una pluralidad de tres personas distintas e identificables, pero no separadas. Las tres no son tres dioses ni tres partes o expresiones de Dios, sino tres personas unidas de una manera tan completa que forman el único Dios eterno y verdadero. Tanto el Hijo como el Espíritu Santo poseen atributos que sólo pueden aplicarse a Dios (Gn. 2;1s 61:1; Hchs. 5. 3-4; Jn. 1:14;5:18;14:16;16:8,13; 20:28; Ro 8:2,26-27; 1 Co. 2:10-11;2 Ts. 2:13; Hb. 9:14). Ninguna de las tres personas fueron hechas ni creadas, sino que cada una existe igual en su ser intrínseco, sus atributos, poder y gloria".[22]

El Rev. Bruce Green, usa una Fórmula matemática, en su intento de que se entienda la Trinidad. Dice Bruce, "en vez de usar la analo-

---

22 Biblia de Estudio Pentecostal ED VIDA Pág. 1348.

CAPÍTULO 4

gía de añadir unidades (1 + 1 +1=3) es decir Padre + Hijo + Espíritu Santo=tres Dioses; la Trinidad se ha explicado diciendo que es la multiplicación de un todo [1x1x1=1]".[23]

La aceptación de la Santísima Trinidad tristemente no fue automática, Se llevó siglos aceptarla, pues paralelamente se analizaba la deidad del Señor Jesucristo. Fueron necesarios varios Concilios en dos siglos para elaborar declaraciones que fueran aceptados por todos y para desechar las herejías, que citamos al principio. Así surgieron los credos clásicos a los que me refiero antes.

Wayne Grudem los transcribe en su Teología y son:[24]

- *El credo apostolico:* elaborado en el tercer o cuarto siglo d.C, en donde se define casi toda la doctrina fundamental.

- *El credo niceno:* redactado en el primer concilio ecuménico, el de Nicea en el 325 d.C. y revisado en el de Constantinopla el 381 D.C. define la creencia sobre la Trinidad.

- *La definicion de calcedonia:* Elaborada en el 4º concilio ecuménico, el de Calcedonia, ciudad cercana a Constantinopla, en el 451 d.C, defiende ardientemente la deidad de Jesús, al mismo tiempo que su humanidad, lo que se llama "la unión hipostática del verbo".

- *El simbolo de atanasio:* (elaborado en el Siglo V, Myer Pearlman lo transcribe completo en su Teología. Es mucho más extenso que los otros, dedicado a fundamentar la creencia en la Trinidad) Ver el artículo sobre Atanasio al principio de este Capítulo.

El Credo Apostólico es bien conocido por todos, por lo que no se repetirá aquí (algunos lo aprendimos como niños católicos. Lo cual lleva a pensar en la conveniencia de que se memoricen conceptos fundamentales. El Dr. Cho en Corea hace que su congregación lo repita cada semana, pensando que allí está sintetizada la doctrina).

---

23 Islam y Cristianismo, por Dr. Bruce Green breviario de Rose Publ. Nashville TN 2006
24 Wayne Grudem, Doctrinas Bíblicas ED VIDA 2005, Págs. 473- 478

Transcribimos el Credo Niceno, que llegó a ser por decreto del emperador Teodosio, la declaración universal de fe.

Creo en un solo Dios Padre todopoderoso creador del cielo y de la tierra y de todo lo visible e invisible.

Creo en un solo Señor Jesucristo, hijo unigénito de Dios, engendrado del padre antes de todos los siglos, Dios de Dios, Luz de Luz, verdadero Dios de verdadero Dios, engendrado y no hecho, consustancial al Padre, y por quien todas las cosas fueron hechas; el cual, por amor de nosotros y por nuestra salvación, descendió del cielo y, encarnado de la virgen María por el Espíritu Santo, se hizo hombre; y fue crucificado por nosotros, bajo el poder de Poncio Pilato. Padeció y fue sepultado, y resucitó al tercer día según las Escrituras; y ascendió a los cielos, y está sentado a la diestra del Padre; y vendrá otra vez en gloria a juzgar a los vivos y a los muertos, y su reino no tendrá fin.

Y creo en el Espíritu Santo, Señor y dador de vida, que procede del Padre y el Hijo, que con el Padre y el Hijo juntamente es adorado y glorificado, que habló por medio de los profetas. Y creo en una santa iglesia católica y apostólica. Confieso que hay un solo bautismo para la remisión de los pecados; y espero la resurrección de los muertos, y la vida del mundo venidero. Amén.

Myer Pearlman, en su bien conocida Teología Bíblica y Sistemática, comentando el Símbolo de Atanasio, así como los otros credos y su redacción un tanto repetitiva escribió: "el Símbolo de Atanasio tal vez nos parezca árido, complicado, lleno de argumentos sutiles,(y tal vez los demás credos, diría yo, parezcan al hombre moderno) pero que en los primeros siglos demostró su eficacia para preservar las verdades que eran valiosas y vitales para la iglesia".[25] Por favor ver la nota sobre Atanasio, al principio de este capítulo.

---

25 Myer Pearlman, obra citada Teología B. y S. Pág. 69

CAPÍTULO 4

 **Contestando por deducción**

1. En cuanto a la Biblia, ¿cuál fue la aportación de Irineo?
2. A lo ya dicho en el Cap. 3 sobre Atanasio ¿qué más se puede agregar?
3. Más adelante se menciona el Arrianismo, pero aquí se puede sintetizar lo dicho.
4. En cuanto al rechazo de los libros deuterocanónicos, ¿qué se puede decir de Jerónimo?
5. Ya se dijo algo de Agustín, aquí se puede sintetizar mucho sobre su vida y obra.
6. ¿Qué grupos considerados erróneos, han revivido el Arrianismo?
7. ¿En qué consiste el llamado Sabelianismo y a quién afecta hoy?
8. Dibuje un cuadro comparativo del Apolinarismo, con el Nestorianismo, el Monifisismo y el Subordinacionismo.
9. Igual sobre los Credos Apostólico y Niceno, junto a la definición de Calcedonia y el Símbolo de Atanasio.

 **Pensando Inductivamente**

1. ¿Cuál es su opinión sobre el uso que se le pudiera dar a los Libros deuterocanónicos?
2. ¿Por qué el gnosticismo negaba también la posibilidad de que Dios se hiciera hombre?
3. Explique lo que Juan llama la doctrina del anticristo (1 Juan 4:1-3 y 2 Juan verso 7) combatiendo el Docetismo.
4. ¿Qué piensa de los puntos claves enseñados por Blas Pascal?
5. ¿Cómo pudiera sintetizar lo mencionado sobre la Santísima Trinidad?

Trabajos optativos asignados por el maestro

1. Una buena tarea es hacer una síntesis del Deísmo. Disfrutémosla.
2. Otra buena tarea es hacer una crítica del Teísmo

Capítulo 5

LA ERA DE LA REFORMA

CAPÍTULO 5

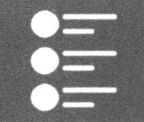 **Bosquejo**

1. Tres hombres impactantes: Habacuc, Pablo y Lutero.
2. El abominable mito de las indulgencias.
   - El poder adjudicado al Papa.
   - Juan Tetzel su enviado especial.
3. Los reformadores magistrales:
   - Martín Lutero.
   - Ulrico Zwinglio.
   - Juan Calvino.
4. Interpretaciones sobre la Santa Cena:
   - Transubstanciación Católica.
   - Consubstanciación: M. Lutero.
   - Un memorial: U. Zwinglio.
   - Un acto espiritual: J. Calvino.
   - Un memorial y un acto espiritual: Iglesia Pentecostal.
5. La gran obra de Juan Calvino en Ginebra, Suiza:
   - Su sistema de gobierno civil y eclesiástico.
   - La doctrina de la predestinación.
6. Los seis grandes principios de la reforma.
7. La Justificación por la fe.

8. La Reforma en España: Casiodoro de Reina y Cipriano de Valera.
9. Felipe Melanchton: el cerebro detrás de Lutero.
10. Concilios de Trento, Vaticano I y Vaticano II

CAPÍTULO 5

TRES HOMBRES IMPACTANTES: HABACUC, PABLO Y LUTERO

EL ABUELO PROFETA, EL PADRE TEOLOGO Y EL INICIADOR DE LA REFORMA

HABACUC
El profeta

Quien escribió su libro por el 606 a.C. cuando Babilonia amenazaba con invadir Jerusalén. A éste se le ordenó escribir la visión para que "corra el que leyere en ella" (2:2). Dios le aseguró que juzgaría toda maldad en el tiempo señalado y que tuviera la confianza de que *"el justo por su fe vivirá"* (2:4). Aquí "fe" significa una firme confianza en Dios, declarando que sus caminos son justos, mostrando una lealtad personal a Él como Salvador y Señor, y una resolución moral de seguir sus caminos. Pablo desarrolló ese tema en Rom. 1:17 y Gá. 3:11.

LA ERA DE LA REFORMA

PABLO El teólogo	Guiado sin ninguna duda por el Espíritu Santo, 600 años después plasmó Ha. 2:4 en Rom. 1: 17 para ilustrar la justificación por la fe, *"... porque en el evangelio la justicia de Dios se revela por fe y para fe, como está escrito: más el justo por la fe vivirá"*. Habacuc contrastó a la persona justa con la injusta... *"cuya alma no es recta"* y Pablo recalcó el importante concepto de que la justificación incluía la justicia interior por obra del Espíritu Santo que reside en el creyente.
MARTIN LUTERO El sacerdote-reformador	1500 años después de que Pablo la escribiera, fue impactado por el estudio de su Epístola a los Romanos, especialmente por el texto de Rom. 1:17: *"porque en el evangelio la justicia de Dios se revela por fe y para fe, como está escrito: Mas el justo por la fe vivirá"*.

Es decir que nadie puede justificarse delante de Dios guardando la ley, aun con toda perfección, o realizando las mejores buenas obras, como la Iglesia católica enseñaba.

De allí surgieron las famosas 95 tesis en defensa de la Palabra y del retorno a las prácticas de la iglesia primitiva, las cuales clavó el 31 de octubre de 1517 en las puertas de la catedral del Castillo de Wittenberg en Alemania, (escritas en latín y luego traducidas al alemán).

Allí arrancó la Reforma Religiosa y el mundo ya nunca fue igual.

CAPÍTULO 5

Debe decirse que la mayoría de las tesis señalaban la manera en que las indulgencias ofrecían un falso perdón por los pecados. Garantizado ese perdón por el Papa desde Roma, suplantando lo que sólo el Señor puede otorgar y eso sin ningún mérito humano. Agregando el hecho reprobable de que eran vendidas, con el fin de levantar fondos para construir la llamada Basílica de San Pedro, en Roma.

EL ABOMINABLE MITO DE LAS INDULGENCIAS

Juan Tetzel, uno de los más famosos vendedores de esos "perdones", iba de pueblo en pueblo ofreciendo su mercancía. Llegaba a la iglesia principal en un lujoso carruaje acompañado de tres jinetes, colocaba una cruz grande de madera roja enfrente del altar, pendiendo de ella el escudo papal, y arengaba a los asustados congregantes con un discurso memorizado que comenzaba con estas palabras: "las indulgencias son los dones más preciosos y nobles de Dios. Esta cruz tiene tanta eficacia como la misma cruz del Calvario.

Venid, yo os venderé cartas, que perdonarán los pecados, aún de los que tenéis intención de cometer. No hay pecado demasiado grande que una indulgencia no pueda remitir, ahora, por estas cartas, podéis conseguir una absolución plenaria de todos vuestros pecados. A más de esto, las indulgencias valen no solamente por los vivos, sino por los muertos. ¿No queréis introducir en el paraíso, no un metal vil, sino un alma divina e inmortal? Al mismísimo instante -continuaba Tetzel- de que el dinero suena en el fondo del arca, el alma se escapa del purgatorio y vuela libre al cielo".

Persuadía con muchas otras palabras, haciendo alusión a la rica gracia que el Papa ofrecía, a la bendición que los huesos de los santos apóstoles recibirían al ser colocados en dignas criptas cuando la basílica de San Pedro se terminase, y concluía mencionando el pasaje de Mt. 13: 16,17.

No todos pagaban lo mismo, pues al hacer fila la gente frente a Tetzel, éste fijaba la tarifa que ameritaba el pecado y según el porte o categoría del comprador.

Creo que muchos hemos escuchado la historia de aquel noble que se acercó a Tetzel y le preguntó si tenía poder para perdonar los pecados, que alguno se proponía cometer. Ciertísimo —contesto el engañador— "he recibido del Papa toda facultad para hacerlo". Bien, —dijo el noble— "quiero que un enemigo pague cierto agravio que me ha hecho y necesito una carta de indulgencia que me justifique, le ofrezco diez ducados por ella". Después de regatear un poco, Tetzel aceptó treinta. Se dice que los siervos del noble le dieron una paliza a Tetzel cuando salió del pueblo y cuando éste lo acusó ante las autoridades, el astuto noble mostró la carta que de antemano le perdonaba su falta.[1]

Se cuenta de un minero que encontró a otro vendedor de indulgencias y le preguntó inocente: ¿es cierto que, por el poder papal, echando un quinto en el arca, podemos redimir un alma del purgatorio? —El vendedor afirmó que así era. —"Entonces, dijo el minero, ¡Qué hombre tan despiadado ha de ser el Papa, que por falta de cinco centavos, deja un pobrecito sufriendo en las llamas del purgatorio por tanto tiempo!"[2]

Esos hechos enardecieron el espíritu de Lutero y de los demás reformadores y positivamente prepararon el camino para el desarrollo de la importante doctrina, pilar de la Reforma: *"La Justificación por lo Fe"*. El lema de "Sola fide, sola gratia, sola scriptura", ya resonaba a la distancia.

---

[1] Martín Lutero: El Fraile que Conmovió al Mundo, Pág. 23 Editorial Ingram México D.F.

[2] Ibid Pág. 24 El Fraile que Conmovió al Mundo.

CAPÍTULO 5

LOS REFORMADORES MAGISTRALES

Martin Lutero	Ulrico Zwinglio	Juan Calvino
Encabeza este grupo de reformadores.	Sacerdote Suizo, convertido al evangelio, como Lutero. Su interpretación de lo que representa la Santa Cena, es seguida por la mayoría de las iglesias evangélicas.	A los 27 años escribió su magistral obra: "Institutos de la Religión Cristiana" que sigue siendo la base doctrinal de las llamadas Iglesias Reformadas.

1. Martín Lutero

(1483-1546) junto a Rom. 1:17 consideró la porción del Capítulo 3:21-26 de la Epístola a los Romanos como el pasaje más importante del libro. Así lo escribió en el margen de su Biblia y de ambos desarrolló la importante doctrina de la Justificación por la fe.

Fechas trascendentales:

- **31 de Octubre, 1517:** fija las 95 tesis en la catedral del castillo de Wittenberg.

- **1520:** quema la Bula Papal enviada por Leon X donde lo excomulgaba. La llamó *"la bula execrable del Anticristo"* Con esta acción Lutero rompió con el catolicismo, obligado por ellos mismos. Recuérdese que originalmente sólo quería ayudar a que la iglesia volviese a sus principios.

- **1521:** comparece ante el poderoso emperador Carlos V en la Dieta de Worms. Al ser compelido a que se retractara de sus libros y declaraciones, afirmó: "...si ustedes pueden mostrarme con los Sagradas Escrituras que estoy equivocado, me retracto. De otra forma me mantengo en mis convicciones. ¡Que Dios me ampare!"

1521-1523: "secuestrado" por su protector, Federico "el Sabio", Elector de Sajonia, traduce el Nuevo Testamento del griego al alemán y escribe varios libros y manifiestos. La Iglesia católica tachaba al griego de ser una lengua hereje (recuérdese que ellos se inclinaron por la "Vulgata Latina" de Jerónimo, como la Biblia oficial del catolicismo). Se dice que Lutero tan sólo por esa obra sería recordado por los alemanes, pues su traducción ayudó a fijar el alemán moderno, como lo hizo Miguel de Cervantes con el español al escribir Don Quijote de la Mancha y William Shakespeare con sus múltiples escritos, que ayudaron a estructurar el Inglés.

1529: El movimiento es llamado "Protestante" al rechazar Lutero y sus seguidores, una bula que les impedía propagarse a territorios católicos y sí, permitirles a los católicosentrar a "territorio luterano".

1530-31: Melanchton y otros redactan "el Manifiesto de Aubsburgo" en latín y alemán con 28 artículos, que han constituido la base de la Iglesia Luterana en el mundo.

1540: Seguidores de Zwinglio y Calvino aceptaron una edición modificada en 1540. Aún los católicos aceptaron 15 de sus declaraciones y después Anglicanos y Metodistas la usaron como base.

2. ULRICO ZWINGLIO

(Huldrych Zwingli) (1484-1531): Gran reformador en Suiza. Tristemente tuvo que separarse de Lutero por su concepto sobre la Santa Cena y la tozudez de aquel. Trabajó junto a Teodoro Beza otro de los reformadores.

A continuación, una síntesis de lo que creían Zwinglio, Lutero y Calvino y al mismo tiempo un análisis sobre la transubstanciación y la Consubstanciación.

Transubstanciación: enseñanza católica convertida en dogma desde 1215, intentando explicar las declaraciones de Cristo sobre *"... esto es mi cuerpo ...esto es mi sangre"* (Mr. 14:22,24). El dogma insiste en que *"esto"* debe tomarse estrictamente literal. Es decir que el pan y el vino, al oficiar la eucaristía o Cena del Señor, se transforman realmente en el cuerpo y la sangre de Cristo.

Debe decirse que esa interpretación es distinta, a lo que pensaban los padres apostólicos como Orígenes y Agustín quienes afirmaban: que la Santa Cena o Eucaristía, simbolizaban la unión real con Cristo, pero que al participar del "cuerpo" y de la "sangre" de Cristo, era una comunión de carácter puramente espiritual con el salvador (Orígenes) y que el sacrificio era realmente un "sacrificio de acción de gracias" (Agustín).

Sin embargo, posteriormente se empezó a creer que, al consagrar los elementos, éstos de alguna manera cobraban un carácter sacramental (misterioso) y que a la vez se celebraba un sacrificio que aplacaba la ira de Dios y repetía el sacrificio de Jesús en la cruz del Calvario.

Esas ideas fueron oficializadas en el 1215, con el Dogma de la transubstanciación.

Los reformadores rechazaron esas interpretaciones de los sacramentos, pero a su vez ellos mismos tuvieron diferencias.

Lutero adoptó una interpretación llamada *"consubstanciación"*. El afirmaba que Jesús al ascender al cielo recuperó los atributos de la divinidad y podía estar presente en todas partes a la vez y que, por tanto, su presencia estaría "en los elementos, con los elementos y bajo los elementos" y así se participaba del cuerpo y de la sangre de Cristo corporalmente. No se trataría de una sustitución, sino de una coexistencia.

"Esto es mi cuerpo" significa la presencia real de Jesús; *"es"*, significa "es", insistía Lutero. Jesús al decirlo, estaba afirmando que algo le había sucedido a los elementos pan y vino, que comió y bebió con sus discípulos.

Enseñanza de Zwinglio:

El pan y el vino son tan sólo símbolos del cuerpo y de la sangre de Cristo en la Eucaristía. (*eucharistia*= acción de gracias, en griego. Una ceremonia que realizan a la hora de la misa). En la expresión dicha por Jesús: "esto es mi cuerpo" y "esto es mi sangre"; "esto", representaba su cuerpo y su sangre. No creía que algo pasaba en los elementos, como Lutero.

Zwinglio rechazaba la idea de ubicuidad del cuerpo del Señor, es decir la presencia física de Jesús en los elementos, en cada lugar. *La eucaristía o comunión es un memorial del sacrificio*, una señal o sello que ayuda a reafirmar el pacto de la gracia de Dios ya dada al creyente por su fe en Cristo[3]. Citaba las palabras de Jesús en Juan 6:63 *"El espíritu es el que da vida, la carne para nada aprovecha"*.

En 1529 se reunieron en el llamado Coloquio de Marburgo, Lutero y Felipe Melanchton por un lado; Zwinglio, Bucero, y Ecolompadio por el otro.

Estuvieron de acuerdo en casi todos los puntos doctrinales, excepto en el de la Santa Cena o Eucaristía, o Cena del Señor (los católicos la llaman Santa Misa, Celebración Eucarística, Santísimo Sacramento del Altar o Sagrada Comunión). Zwinglio consideraba que Lutero estaba muy cerca de las supersticiones de la iglesia católica y Lutero consideraba que la postura de Zwinglio no era una postura cristiana y estaba muy cerca de los anabaptistas (cristianos que surgieron in-

---

3   Ver Mar. 14: 22- 24; Jn. 6:63

CAPÍTULO 5

dependientes de Lutero y que insistían en que los niños no se bautizaran, sino hasta que fueran mayores y creyeran en Cristo por sí mismos, como creemos hoy la mayoría de evangélicos. Sin embargo, en esos primeros años fueron declarados herejes y perseguidos aun por los mismos reformadores. Incluyendo a Zwinglio).[4]

Zwinglio mantuvo siempre que Cristo hizo el sacrificio una sola vez para siempre, ofreciéndose a sí mismo, (Hb. 7:27) por toda la eternidad. La Iglesia Católica insistía e insiste, que tanto por la naturaleza histórica de la iglesia y los pecados del hombre, es necesario que la misa se celebre muchas veces. Por su parte los anabaptistas, no creían que la presencia de Cristo estaba en la transubstanciación, sino porque al ser la comunidad cristiana el cuerpo de Cristo, el vino y el pan que se usan en la cena representan una unión comunitaria con la sangre de Cristo y una participación de su cuerpo.[5] Este punto dividió a los dos grupos y los hizo caminar por destinos diferentes, aun cuando acordaron un pacto de no atacarse mutuamente y que Dios los llevara a la verdadera comprensión. Tristemente Zwinglio murió en 1531 durante la batalla en que defendía Zurich. El ejército alemán no lo apoyó contra los católicos por el desacuerdo de 1529.

En cuanto a la Cena del Señor, Juan Calvino, el gran erudito, ofreció una fórmula intermedia: *"la comunion es un acto de caracter espiritual* por medio del cual, Cristo nos hace partícipes de su cuerpo y sangre, enteramente en forma espiritual, es decir a través de su Espíritu".[6]

Las iglesias pentecostales y la mayoría de los grupos evangélicos actuales en cuanto a la Santa Cena, realizan la celebración muy cerca de la posición de Zwinglio.

Las Asambleas de Dios, por ejemplo señalan en su declaración de Verdades Fundamentales: "la Cena del Señor, que consiste en la participación de las especies eucarísticas el pan y el fruto de la vid-, es el símbolo que expresa nuestra participación de la naturaleza divina

---

4   World Religions Enciclopedia Británica 2008 Artículo sobre Ulrico Zwinglio
5   World Religions Enciclopedia Británica 2008 Artículo sobre Ulrico Zwinglio
6   Los Generales de Dios II Pág. 249 por Roberts Liardon Ed.Peniel B. Aires

del Señor Jesucristo (2 Pe. 1:4); un recordatorio de sus sufrimientos y de su muerte (1 Co. 11:26); una profecía de su segunda venida y un mandato a todos los creyentes, hasta que Él venga". [7]

4. JUAN CALVINO

(John Calvin) (1509-1564) Reformador francés que se estableció en Ginebra, haciéndola una ciudad protestante o "reformada".

Quiso establecer una teocracia con la iglesia al mando, apoyado en el poder civil. Sirviendo a la comunidad de la iglesia y a la ciudad, hizo surgir el Consistorio, compuesto por ministros y ancianos. El problema fue, que éste era el mismo en la iglesia y en la ciudad. Entonces, las faltas que se juzgaban en la iglesia se hicieron civiles y las civiles eran sancionadas con esquemas religiosos. Pronto el sistema colapsó.

Sin embargo, a nivel religioso continuó y la Iglesia Presbiteriana básicamente mantiene ese sistema de gobierno hoy en día.

El cristiano era "libre" para interpretar la Biblia siempre y cuando la interpretara como Calvino. Es decir, fue un tanto impositivo en sus decisiones.

En 1536: escribió *"Institutos de la Religión Cristiana"*, obra fundamental de la Iglesia Reformada. Enfatizó la soberanía de Dios en todas las cosas y la ineptitud del hombre para salvarse por sí solo. Bosquejo 4 órdenes permanentes del ministerio: pastores, maestros, ancianos y diáconos. Cubrían toda la vida de la iglesia: adoración, educación, pureza moral, obras de amor y de misericordia.[8]

La doctrina que desarrolló se conoce como Calvinismo en su honor. En su postulado principal dice que Dios predestina o reprueba, sin importar los actos humanos (doctrina de la doble predestinación). Es decir, Dios condena o salva, sin tomar en cuenta los méritos o deméritos de la persona. Tanto en Ginebra como en muchos can-

---

7   Constitución y Reglamentos de Las Asambleas de Dios Springfield MO, 2003 Pág. 14
8   Ibid Los Generales de Dios 11 por Roberts Liardon Pág. 229.

CAPÍTULO 5

tones suizos y sobre todo en los principados alemanes se aplicó un lema latino: "cuius regio,eius religio" "quien reina en la ciudad escoge la religión".

A la postre, eso benefició a la Reforma, pues casi toda Alemania, Suiza, Holanda, Inglaterra, Dinamarca, Noruega, Suecia y Finlandia, se hicieron protestantes. Con el tiempo, cuando colonizaron el "nuevo mundo" llevaron el evangelio a Estados Unidos, Canadá, Australia, Nueva Zelandia, Sud África y otras regiones.

En estadísticas presentadas recientemente siguen siendo las naciones con más altos índices en educación, cuidado del medio ambiente, longevidad, limpieza, orden y vida estable. Mucho ha tenido que ver la influencia evangélica.

En el siguiente capítulo se hace una comparación del Calvinismo con el Arminianismo.

RESUMEN SOBRE LA SANTA CENA

Llamada también Eucaristía (griego) o Misa (latín) o Cena del Señor, o Partimiento del Pan o Santa Comunión:

- Transubstanciación: para los católicos.
- Consubstanciación: para los luteranos (posiblemente no usan la palabra)
- Un memorial del sacrificio: para la mayoría de los evangélicos.
- Un acto de carácter espiritual: para los calvinistas (mayormente presbiterianos)

Un memorial y un acto espiritual para pentecostales y evangélicos.

GRANDES PRINCIPIOS DE LA REFORMA

Se pudieran sintetizar éstos, en los primeros tres principios -de los seis que se ofrecen a continuación- y que son repetidos por todas las confesiones cristianas:

1. SOLA SCRIPTURA.

Un rechazo directo a la autoridad papal y eclesiástica. Para los reformadores la Palabra de Dios estaba por encima de la iglesia, de sus concilios y de sus dogmas.

2. SOLA FIDE (FE).

Solamente por fe podemos ser salvos. Una declaración en contra de una cooperación humana con la gracia divina, en el proceso de salvación. Los reformadores insistieron en que la fe es un instrumento para obtener justificación, pero no tiene mérito en sí misma, (porque si no la fe también es una obra). La salvación absolutamente por fe y no por ninguna obra.

3. SOLA GRATIA.

Un rechazo a los otros 5 sacramentos que la iglesia católica enseñaba como medios de gracia salvadora. (se aceptaron el bautismo y la Santa Cena solamente, del total de siete) Se insistió con esta declaración de que la reconciliación del hombre con Dios es afectada solamente por la gracia divina, la cual se apropia solamente por fe.

> Surgieron tres declaraciones:
> Un amor inquebrantable por la Palabra.
> Una relación individual con Dios.
> Una iglesia nacional y no mundial.

CAPÍTULO 5

LA JUSTIFICACIÓN POR LA FE

Wayne Grudam, en su completa obra teológica *"Doctrina Bíblica"*, interpreta perfectamente lo que es la Justificación por la Fe, como la entendió Lutero, y como fue distinta de la interpretación católica. Se sintetiza así:

"Es esencial en la médula del evangelio insistir que Dios nos declara justos o que somos justos, no sobre la base de nuestra verdadera condición de justicia o santidad, sino más bien sobre la base de la justicia perfecta de Cristo, que Dios considera que nos pertenece".

Esto fue el núcleo de la diferencia entre el Protestantismo y el Catolicismo Romano en la Reforma. El Protestantismo desde días de Martin Lutero ha insistido en que la justificación no nos cambia internamente. Y no es una declaración basada de alguna manera en bondades nuestras (Ro. 3:21-23).

El concepto tradicional católico romano de la justificación es muy diferente a éste. *"La Iglesia Católica Romana entiende la justificación como algo que nos cambia internamente y que nos hace más santos por dentro. Se puede decir que este concepto entiende la justificación como algo que se basa no en justicia imputada, sino en justicia inyectada, o sea justicia que Dios pone dentro de nosotros y que nos cambia internamente y en términos de nuestro carácter moral real".*

Realmente esto es lo que nuestra teología entiende por regeneración y no por justificación (ser regenerados es "nacer de nuevo"), junto a la regeneración se inicia la santificación, que comienza con el arrepentimiento genuino, la confesión de pecados y la fe en la obra de Jesús en el calvario. En otras palabras, la regeneración es instantánea. La santificación es instantánea y progresiva.

El resultado del concepto católico romano es que las personas no pueden estar seguras de si están o no, en un estado de gracia en el que experimentan la aceptación completa de parte de Dios y su favor, (recuérdese, diríamos, a la Madre Teresa de Calcuta que confesó al final de sus días que muchas veces no sintió la presencia de Dios por largos períodos de su vida y que no estaba segura de su relación con Dios).

La consecuencia lógica de esta creencia de la justificación es que nuestra vida eterna con Dios no se basa en la sola gracia de Dios, sino parcialmente también en nuestro mérito.

Como dice un teólogo católico: "para el justificado la vida eterna es a la vez una dádiva de gracia que Dios ha prometido y una recompensa por sus propias buenas obras y méritos .... las obras salvadoras son al mismo tiempo dádivas de Dios y actos meritorios del hombre". Asignar de esta manera mérito salvador a la justicia interna del hombre y a las "buenas obras", a la larga destruye lo fundamental del evangelio mismo.

Eso fue lo que Martín Lutero vio tan claramente y dio motivo a la Reforma.

Cuando las buenas nuevas del evangelio se volvieron buenas noticias de salvación totalmente gratuita en Jesucristo, se esparcieron como incendio forestal por el mundo civilizado.

Pero esto fue simplemente, una recuperación del evangelio original que declara: "la paga del pecado es muerte, mientras que la dádiva, es vida eterna en Cristo Jesús (Ro. 6:23), e insiste que "ya no hay condenación para los que están unidos a Cristo Jesús" (Ro. 8:1).

Por esta razón Lutero y los demás reformadores insistieron en que la justificación viene por la gracia sola, no por gracia más méritos de parte nuestra (ver más adelante las declaraciones de los Concilio de Trento y Vaticano).

Muchos se han preguntado, dice Grudam —¿Por qué Dios escogió la fe para que recibamos la justificación y no una actitud sincera de amor, gozo, contentamiento, humildad o sabiduría?

Porque la fe, contesta —*es la única actitud de corazón que es exactamente lo opuesto de depender de nosotros mismos. Cuando vamos a Cristo por fe. Esencialmente decimos: "me rindo", ya no voy a depender de mí mismo ni de mis buenas obras.*

En Efesios 2:8,9 se expresa perfectamente la voluntad de Dios: *"porque por gracia sois salvos por medio de la fe: y esto no de vosotros. Pues es don de Dios: no por obras, para que nadie se gloríe".*

CAPÍTULO 5

Aun cuando una persona dijere que tiene más fe.

Es decir, podemos tener más fe para ser sanos o para recibir un milagro, pero no para ser salvos. Ese regalo viene igualito de parte de Dios para todos.

 **Contestando por deducción**

1. ¿Por qué se le llama a Habacuc, el abuelo de la Reforma?
2. ¿Cuáles son los pasajes donde Pablo cita a Habacuc en el NT?
3. Escoja el concepto que le agrade sobre lo que es Fe.
4. Anote la fecha en que comenzó la Reforma y con cuál evento.
5. Describa brevemente el trabajo nefasto que realizaba Juan Tetzel.
6. Anote el lema surgido de la Reforma y ampliado.
7. Cite la frase mencionada por Lutero ante Carlos V de España (Iº de Alemania)
8. ¿Cuál fue el dogma que aprobó la Iglesia Católica en 1215?
9. ¿Qué se entiende por ubicuidad? Un concepto que rechazó Zwinglio.
10. Anote los nombres con los que se conoce la Santa Cena.
11. ¿En qué ciudad vivió Calvino y que gran obra realizó allí?

CAPÍTULO 5

 **Pensando Inductivamente**

1. ¿Cómo se relaciona el texto de Romanos 1:17 con la aplicación que Lutero le dio sobre la justificación?
2. ¿En qué se basaban fundamentalmente las famosas indulgencias?
3. ¿Qué encontró Lutero en Romanos 3:21-26 para considerarlo el pasaje más importante del NT?
4. ¿Por qué se compara a Lutero con Cervantes y Sheakespeare?
5. ¿Cómo difieren las enseñanzas de Orígenes y Agustín con la interpretación que la Iglesia Católica le dio después a la Santa Cena?
6. Haga una breve definición de nuestra interpretación pentecostal sobre la Cena del Señor.

 **Trabajos optativos asignados por el maestro**

1. Encuentre algún texto donde se mencionan las 95 tesis de Lutero y mencione las 3 que le parezcan más interesantes.
2. Sintetice lo que se entiende por Transubstanciación y Consubstanciación.
3. Sintetice el concepto que desarrolla el libro sobre Justificación por la Fe.
4. Escriba una breve biografía de Ulrico Zwinglio.

Capítulo 6

REFORMA, CONTRA-REFORMA Y DOCTRINAS DERIVADAS

CAPÍTULO 6

 **Bosquejo**

1. La Reforma en España.
   - Casiodoro de Reina.
   - Cipriano de Valera.
2. Breve biografía de Felipe Melanchton
3. Concilio de Trento.
4. Concilio Vaticano I y Concilio Vaticano II.
5. El Arminianismo y sus puntos principales.
6. El Calvinismo.
7. El Sínodo de Dort.
8. La Confesión de Westminster.
9. Una perspectiva pentecostal.
10. Otros Movimientos Post-Reforma:
    - Los Puritanos en Inglaterra y USA.
    - El Movimiento Pietista
    - Los Moravos en Alemania.
    - Los Wesleyanos en Inglaterra.
    - El Movimiento Misionero Moderno: Guillermo Carey.

LA REFORMA EN ESPAÑA

CASIODORO DE REINA

Las noticias de la Reforma con un énfasis en la lectura de las Sagradas Escrituras llegaron al convento de San Isidoro del Campo en Sevilla, donde Casiodoro era un monje, a mediados de los 1540s.

La inquisición por órdenes del emperador Carlos V de España (Carlos I de Alemania) debía perseguir a quienes leyeran la Palabra por su cuenta. Reina huyó una noche, con un grupo de compañeros para Inglaterra, antes de que llegaran en la siguiente mañana, los soldados de la "Santa" Inquisición. Por 20 años trabajó en la traducción del A.T. en hebreo y del N.T. del griego, al idioma español.

Basándose en revisiones previas hispanas y algunos manuscritos (tal vez le ayudó también la traducción de Erasmo), publicó la famosa "Biblia del Oso" en 1569. Llamada así porque en la portada se veía un oso queriendo beber la miel derramándose de un rico panal que colgaba de un madroño, -árbol símbolo de Madrid, España- y que se constituyó en la Biblia más leída por el mundo hispano. Menéndez Pelayo, el erudito español, que aun siendo católico reconoció el valor literario de esta Biblia, declaró: "no podía ser de otra forma, pues se escribió en el Siglo de oro de las letras españolas".

CAPÍTULO 6

CIPRIANO DE VALERA

Durante casi 20 años perfeccionó la obra de Casiodoro, publicando una revisión en 1602, la cual salió tan perfecta y aceptada por todos, que a partir de esa fecha la Biblia se conoce como Versión Reina-Valera. La Reforma se caracterizó por ser un movimiento que dejó atrás la autoridad de la iglesia y se volcó a la autoridad de las Escrituras (sin los apócrifos). Los reformadores magistrales fueron homogéneos en este tema, Lutero, Zwinglio, Melanchton, Martin Bucero (1491-1551) y Calvino, afirmaron que la Escrituras eran la Palabra de Dios colocándolas sobre Papas, concilios y credos.

UNA BREVE BIOGRAFIA SOBRE FELIPE MELANCHTON (1497-1560)

Su apellido original fue Schwartzerd *"tierra negra"*, que en griego era *"Melanchton"*. Brazo derecho de Lutero, redactor con él de los principales documentos de la Reforma, tales como la fundamentación en 1519 contra la *"transubstanciación"* y la *"justificación por la fe"*.

En 1521, escribió la *"Loci Communes"* o Teología Sistemática cuando sólo tenía 24 años, con las ideas de Lutero sobre pecado, ley, gracia, libre albedrío, votos, esperanza, confesión. Llegó a ser tan aceptada que se dice La Reina Isabel I de Inglaterra, casi la memorizó a fin de ser capaz de conversar sobre teología.

En 1530 redactó *"la Confesión de Augsburgo"* definiendo todo lo que el luteranismo era y marcando su línea divisoria con el catolicismo. En cuanto al significado de la Santa Cena finalmente se inclinó por la interpretación de Calvino que fue una ampliación de la de Zwinglio.

En agosto de 1544, cuando ya habían sobrepasado luchas cruentas y el panorama cívico-religioso era más tranquilo, al hablar en una reunión se hizo una pregunta llorando, *—¿Hay algo más deplorable y digno de lágrimas, que el tema de la* CENA DEL SEÑOR *sea utilizado como objeto de pugnas y divisiones?*

Frente a todos, recordó la noche de 1529, cuando sentados en los extremos opuestos de una gran mesa, rodeados de espectadores, Zwinglio y Lutero debatieron el tema de la Cena del Señor en el Castillo de Marburg en Alemania. Melanchton, con tristeza fue testigo del agrio debate entre los dos colosos y de la amarga despedida, cuando Lutero ni siquiera le dio la mano a Zwinglio, al tendérsela éste con lágrimas en sus ojos en señal de afecto fraternal.

Así fueron de candentes los debates sobre temas importantes relacionados con la doctrina, que hoy damos por garantizados (recordemos que a Zwinglio le costó la vida) y lo que es más triste tal vez, como lo dijo un comentarista, Melanchton hoy derramaría lágrimas al observar la indiferencia y rutina con la que pastores y congregantes observamos la Cena del Señor. Esta celebración debería ser ante todo un tiempo de reflexión y adoración y recuperar el lugar de prominencia que debiera tener dentro de nuestros cultos.

Felipe Melanchton como buen pacificador que fue, envejeció con el respeto de sus conciudadanos que lo llamaron "Preceptor de Alemania" por su obra reformadora en las universidades del País.

CAPÍTULO 6

CONCILIO DE TRENTO (1545-1563)

La Iglesia Católica no se quedó callada antes los avances del luteranismo y las iglesias reformadas.

#19

En 1545 convocó al 19º. Concilio Ecuménico en la norteña ciudad italiana de Trento (recordemos que el de Nicea en el 325 D.C. fue el primero).

Cuando uno viaja por automóvil, desde Alemania y Austria cruzando los majestuosos Alpes, pasa a un lado de esta ciudad asentada en un valle rodeado de altas montañas, que debió haber sido una fortaleza cuando se celebró el Concilio. De 1545 a 1547 se realizó el primer período de sesiones, allí ratificaron muchos de sus credos. Entre otros, aceptar como autoridad la Escritura, pero también la tradición oral como fuente de fe y sobre todo la autoridad papal.

Ellos llaman tradición oral a las palabras de Cristo que recibieron los apóstoles, más todas aquellas agregadas a través de los concilios y que tienen que ver con la fe y la moral

> *"Ya sea por palabra de la boca de Cristo mismo o por el Espíritu Santo, y preservadas en la Iglesia Católica por una sucesión continua"* (4ª. Sesión del Concilio de Trento, 8 de abril de 1546).

Además, en este primer período o en los otros dos, aceptaron lo siguiente:

- El Credo Niceno (algo bueno)
- La versión Vulgata Latina de Jerónimo con los libros que contiene, (tristemente incluídos los deuterocanónicos)
- Los 7 sacramentos, (como se sabe la iglesia evangélica sólo acepta el bautismo y la Santa Cena y no los llama sacramentos, sino ordenanzas).

- Agregan la confirmación
- El matrimonio
- La penitencia (de donde se derivaron las famosas indulgencias, es decir pagar con dinero lo que un tiempo fue con ayunos o castigos del cuerpo)
- El sacerdocio
- La extremaunción.[1]
- Definieron la naturaleza y consecuencia del pecado original (que se quita con el bautismo)
- La autoridad de los Obispos
- El valor de las penitencias
- La misa como un verdadero sacrificio
- La existencia del purgatorio
- Las indulgencias
- La veneración de los santos, de las imágenes y las reliquias.

Después de meses de intenso debate se opusieron a varias doctrinas. Entre otras a la Justificación sólo por la fe, como la enseñó Lutero y los reformadores, diciendo "*que el hombre debe cooperar con sus obras*"; se opusieron a la definición de Enrico Zwinglio (Huldrych Zwingli) el reformador suizo, sobre la Eucaristía (del griego *eucharistie*, que significa dar gracias o acción de gracias) y reafirmaron su dogma de la transubstanciación, (ver las definiciones en este mismo capítulo), como opuesto también a lo enseñado por Martin Lutero.[2]

Es decir, se mantuvieron afirmando que el pan y el vino se transforman en el cuerpo y la sangre de Cristo y que el Papa decidiera si la gente podía beber del cáliz o solamente el sacerdote (hasta la fecha sólo el sacerdote toma del vino en el cáliz o copa).

---

1 Ver anécdota dicha por B. Graham, en mi libro: "Leído, Visto y Oído" Pág. 92
2 World Religions Enciclopedia Británica 2008.

CAPÍTULO 6

Nunca declararon como lo habían pedido los reformadores alemanes, que la autoridad de un Concilio es superior a la del Papa; 400 años después todavía no cuestionan su autoridad, antes, la ratificaron en el Concilio Vaticano II.

CONCILIO VATICANO I

#20

Entre 1869-1870 Fue el número 20 de los concilios ecuménicos (si los datos no están errados, siguió al de Trento) se celebró en Roma, convocado por Pio IX.

- A fin de combatir la influencia del racionalismo, liberalismo y materialismo.

- El mayor tiempo se lo llevó laacalorada discusión sobre el poder papal y supremo poder de jurisdicción sobre toda la iglesia y que cuando habla *"ex cathedra"* (desde su presidencia, o desde el vaticano como supremo maestro) está preservado de error".[3]

Aún los gobiernos de esos años manifestaron su desacuerdo. Tal vez recordaban a varios Papas que sí erraron, especialmente al papa Honorio I (625-638) cuyas enseñanzas heréticas fueron condenadas por el Concilio de Constantinopla en 680-681 y también a ese tiempo raro cuando hubo 3 papas simultáneos (uno desde Francia) expidiendo cada uno sus particulares bulas.

Recuerdo, como unos años después, en un artículo de la revista Selecciones se contaba el episodio sucedido a un cardenal americano, cuando cenando con el Papa, le dijo mitad en broma, mitad en serio: —*"Qué bueno que su Santidad no es infalible en asuntos alimentarios, pues la berenjena en nada ayuda a los problemas renales"*.

El Concilio ya no pudo continuar después de 1870.

---

3   Artículo sobre Concilio Vaticano I World Religions Enciclopedia Británica 2008.

CONCILIO VATICANO II

#21   **1962-1965** El Concilio Vaticano II, el número 21 en la historia de la iglesia,

- Reafirmó los decretos de Trento, diciendo que las Escrituras y la tradición constituyen "un solo depósito sacro de la Palabra de Dios, que le han sido encomendado a la Iglesia".

- Para no socavar la infalibilidad papal decretaron que "los obispos cuando se reúnen en un concilio ecuménico también pueden ejercer un magisterio infalible, al ponerse de acuerdo entre ellos y cuentan con la aprobación del Papa".

- Después de 400 años poco han logrado los cardenales y obispos que quieren equipararse a la autoridad del Papa.[4]

EL ARMINIANISMO

Doctrina de interpretación sobre la salvación desarrollada por el teólogo de la Iglesia Reformada Holandesa, Jacobo Arminio (Arminio en Latín)-Jacob Harmensen/Hermann en Holandés o Jacobus Arminius en Inglés (1560-1609).

Distinto al concepto que desarrolló Juan Calvino en la posición doctrinal sobre la predestinación. Interpretaciones que han sido fundamentales en los credos de las iglesias evangélicas apoyando o sustentando posiciones afines o distintas a cada uno.

Arminio concluyó que ciertamente al hablarse de la predestinación, debe entenderse que *la predestinacion* se basa en la presciencia de Dios o sea el preconocimiento de Dios tal y como lo menciona Pablo: *"porque a los que antes conoció, también los predestino"* y son *"elegidos según la prescencia de Dios"* (*"la previsión de Dios"* NVI) (Ro. 8:29; 1 Pe. 1:2) es decir, Dios sabiendo de antemano quienes le

---

[4] Artículo sobre concilio Vaticano II World Religions Enciclopedia B. 2008

recibirían libremente y perseverarían en la fe, los predestinó a ser salvos. Wayne Grudem en su Teología, agrega: "a los que conoció de antemano", entendiendo que el concepto quiere decir: "a las personas de quienes sabía que estarían en una relación salvadora con El" (Ro. 11:2 también así lo expresa).

Los pentecostales citamos mucho Romanos 8:28 *"y sabemos que loLos pentecostales citamos mucho" Ro. 8:28 "y sabemos que los que aman o Dios, todas las cosas les ayudan a bien"* como una de las grandes declaraciones escriturales que nos dan la seguridad de que nuestro amor por El y sobre todo que al ser amados por El, todas las cosas nos ayudarán para bien. Sin embargo, esa es sólo la obertura de la gran sinfonía que viene enseguida, cuando Pablo afirma: *"...a los que conforme a su propósito son llamados, porque a los que antes conoció, también los predestinó..."* Para disfrutar las bendiciones enumeradas en la larga· lista que sigue hasta el verso 39. Al leerlas, estará de acuerdo con este servidor que la predestinación comienza con" a los que antes conoció".

En lenguaje teológico la palabra presciencia designa el conocimiento o visión anticipados de Dios con respecto a todos los sucesos futuros y su curso.

Lo que nosotros denominamos pasado, presente y futuro, es "todo presente" en la mente divina. Se puede describir mejor como "un eterno ahora". Isaías 57:15 y Salmo 90:4 ratifican el concepto. Él está por sobre el tiempo y lo ve, pero no está condicionado por él. (Is. 46:9,10) Los ilustres comentaristas de la Biblia Pentecostal al referirse a 1 P 1:2 reafirman que "la presciencia divina debe entenderse como el amor eterno de Dios y su propósito para su pueblo, que es la iglesia (Rom. 8:29). A los que reciben el previo conocimiento de Dios o el amor que les manifiesta de antemano se les identifica en plural por referirse a la iglesia. Es decir, su amor está destinado al cuerpo de Cristo. El cuerpo de Cristo (sí, el cuerpo) alcanzará la glorificación (Rom. 8:30). El creyente individual no la alcanzará si se separa del cuerpo que Dios amó de antemano y si no logra mantener su fe en Cristo (lea también Rom. 8:12-14,17; Col. 1:23). En otras palabras, el Cuerpo como un todo ha sido predestinado y tiene la plena seguridad de llegar victorioso a su presencia. Cada creyente debe mantenerse siempre dentro del Cuerpo.

Al comentar Romanos 8:29, La Biblia Pentecostal afirma que la expresión: "antes conoció" equivale "a amar de antemano", es decir desde la eternidad". (Gn. 18:19; Éxodo 2:25; Sl. 1:6; Os.13:5; Mt. 7:23).

La elección se condiciona a la respuesta del hombre, algo previsto eternamente por Dios. Como lo entendemos nosotros, diríamos ¡amén! (Los calvinistas piensan que no se puede separar la presciencia de Dios de su predestinación. Dicen que la presciencia de Dios depende de que El predestinó todas las cosas).

Jacobo Arminio estudió en las Universidades de Leiden en Holanda (1576-82); Basilea y Ginebra en Suiza (1582-86) y por un breve tiempo pasó por las de Padua y Roma en Italia.[5] En un principio, respaldó el postulado calvinista que afirma que a quienes eligió Dios para salvación, los eligió antes de la caída de Adán. Pero con el tiempo sus dudas sobre esa enseñanza que no incluía un lugar para el ejercicio de la libre voluntad del hombre -o libre albedrío- en el proceso de salvación, lo llevaron a desarrollar la doctrina de la elección condicional. De acuerdo con ésta, Dios elige a la vida eterna, a todos los que respondan en fe a su divina oferta de salvación. Recalcando con ello no solamente la soberanía de Dios, sino la misericordia de Dios.

Arminio concuerda con Juan Calvino en el primer punto del calvinismo es decir que el hombre es depravado e incapaz por sí mismo de agradar a Dios o aún de arrepentirse. Pero, recalca, que Dios le provee gracia al ser humano para tener fe, volverse a Dios y obedecerle. Si no hubiera provisto tal gracia, las invitaciones universales carecerían de sentido. El mensaje de Isaías 55:1 a los israelitas del Antiguo Testamento: *"A todos los sedientos: Venid a las aguas …"*. La invitación de Jesús en Mateo 11:28: *"Venid a mí todos los que estáis trabajados y cargados, y yo os haré descansar"* y Marcos 1:14,15 y la de Pablo a los griegos en Hechos 17:30, son un buen ejemplo en las Escrituras.

Después de su muerte. Sus seguidores firmaron una declaración que se llamó "*Remostratia*" o protesta, de donde deriva el documen-

---
5   Biografía de J. Arminius citada en World Religions, Enciclopedia Británica 2008.

to teológico que da origen al Arminianismo. esos valientes fueron llamados arminianos o remostrantes- El Sínodo de Dort (1618-19) que ya mencionamos, desacreditó y condenó la doctrina, sujetando a persecución a quienes la apoyaban. El libro "Opera Theologica" publicado en 1629, conteniendo los escritos de Arminio contribuyó a que *"La Hermandad Remostrante"* lograra legal tolerancia cerca del año 1630 y por 1795 fuera oficialmente reconocida en Holanda.[6]

Posteriormente por su énfasis en la gracia de Dios, el Arminianismo influenció el desarrollo del Metodismo tanto en Inglaterra como en los Estados Unidos y con el tiempo, a los movimientos que sustentaron la doctrina pentecostal.

El Arminianismo es una corriente de interpretación doctrinal tan fuerte como el Calvinismo. Las declaraciones básicas "remostrantes" de donde se derivaron los puntos principales del Arminianismo fueron las siguientes:[7]

- El decreto de predestinación fue condicional.
- Cristo murió por todos.
- El hombre puede rechazar la gracia de Dios.
- El hombre puede caer del estado de gracia.

PUNTOS PRINCIPALES DEL ARMINIANISMO

A continuación, un resumen, con base en las obras de Pablo Hoff[8], Wayne Grudem[9], Erwin Lutzer[10] (principalmente), la Biblia de Estudio Pentecostal[11] y el Diccionario Teológico[12].

---

6 Diccionario de Teología Pág. 455 sobre Remonstrant
7 Diccionario de Teología Pág. 455 sobre Remonstrant
8 Pablo Hoff Teo. Evangélica Ed. Vida 2005
9 Wayne Grudem lbid
10 Erwin Lutzer: Doctrinas que dividen E.Portavoz
11 Ibid
12 Ibid

El Arminianismo mantiene 24 puntos doctrinales, según los cita el Diccionario de Teología.[13] Algunos fueron depurados o concentrados en los cinco puntos fundamentales.

Puntos Doctrinales

1. El decreto o propósito de salvación de parte de Dios se aplica a todos los creyentes en Cristo que perseveran en la fe. Todos los demás son dejados en pecado y condenación.

2. Cristo murió por todos los hombres y Dios no quiere que ninguno perezca (2 Co. 5:14,15; Tit. 2:11; 1 Jn. 2:2; 2 Pe. 3:9) obtuvo para todos, redención y perdón de pecados por su muerte en la cruz; sin embargo, sólo los creyentes disfrutan de ese perdón.

3. El Espíritu Santo ayuda a los hombres a fin de que tengan fe en Cristo para la salvación, pero no obliga a nadie en tal sentido. El hombre no tiene gracia salvadora en sí mismo, ni proveniente de la energía de su libre albedrío.

4. La gracia salvadora de Dios no es irresistible. Sin la operación de la gracia, el hombre no puede hacer el bien, pero la gracia no es irresistible por cuanto los hombres han resistido al Espíritu Santo.

5. Es posible que los cristianos caigan de la gracia y se pierdan eternamente. (Hch. 6:4-8; 2 Pe. 2:20-22; Ap. 3:8). Los creyentes participan de la vida eterna y tienen poder para luchar contra Satanás.

---

13   Diccionario de Teología Edit. Tell Jenison MO 1993 Pág. 61

CAPÍTULO 6

Estas opiniones influyeron en gran manera en la teología de Juan Wesley que endosó las declaraciones básicas, creyendo que si Dios concede una gracia preventiva, es decir gracia que antecede a toda acción humana, cada pecador es capaz de creer en el evangelio. La miseria espiritual del hombre es contrarrestada por la gracia salvadora. La salvación por tanto es de gracia, pero también dependiendo del libre albedrío del hombre.

1. Los decretos de Dios están basados en su presciencia. Es decir, en una elección en base a la fe conocida de antemano y reprobación, en base a una resistencia a la gracia que fue conocida de antemano.
2. Adán fue creado en inocencia, mas bien que en santidad verdadera.
3. El pecado consiste en actos de la voluntad.
4. El hombre hereda su corrupción de Adán, pero su culpa no se imputa a ninguno de sus descendientes.
5. La depravación que vino al hombre como resultado de la caída no debe describirse como total.
6. El hombre no ha perdido la facultad de auto determinación, ni tampoco la habilidad para inclinar su voluntad a fines buenos.
7. La expiación tuvo la misma intención para todos y cada uno de los hombres. La salvación viene a ser eficaz sólo cuando el creyente arrepentido la acepta.
8. El llamamiento externo que se realiza con el evangelio va acompañado por una gracia universal suficiente que puede ser resistida.
9. El arrepentimiento y la fe preceden a la regeneración (un punto doctrinal básico en la soteriología o sea la doctrina de la salvación).
10. Tanto como el hombre viva está sujeto a la posibilidad de caer de la gracia y perder totalmente su salvación.

11. El amor es el atributo supremo de Dios, la esencia misma de su ser.

EL CALVINISMO

A continuación, un resumen con base en las obras de Pablo Hoff[14], Wayne Grudem[15], Erwin Lutzer[16] y la Biblia de Estudio Pentecostal[17].

Esgrimido originalmente por Agustín de Hipona (354-430), Arminio (1560-1609) y desarrollado por Juan Calvino (1509:1564) recalca sobre todo la SOBERANIA DE DIOS. Se define en 5 puntos principales:

Puntos del calvinismo

- La depravacion total del hombre. Todo aspecto del ser humano está infestado por el pecado (Ef. 2:1; Col. 2:13). Puesto que está muerto espiritualmente no puede convertirse por sí mismo o aún prepararse para la conversión (Jn. 6:44,65, 1 Co. 2:14). La obra salvífica es de Dios.

- La eleccion incondicional. Dios ha predestinado a algunos para la salvación, sin mérito humano alguno (Ef. 1:5,11; Jn 15:16- 19; Ro. 9:13-18). Dios ha elegido solamente cierto número de individuos para la vida eterna.

- La expiacion limitada. Cristo no murió por toda la humanidad, sino sólo por los elegidos; su expiación fue específicamente por éstos. Cristo murió para que se cumpliera el decreto de elección.

---

14   Pablo Hoff
15   W Grudem
16   E. Lutzar
17   Biblia de Estudio Pentecostal

CAPÍTULO 6

- **La gracia irresistible.** A los que Dios ha predestinado para vida, en el tiempo señalado, los llama eficazmente (Ro. 8:30; 11:7; Ef. 1:10), por su palabra y Espíritu (2 Ts. 2:13,14; 2 Co. 3:3,6) Los no elegidos aun cuando sean llamados por la palabra (Mt. 22:14) y tengan algunas operaciones del Espíritu (Mt. 13:20-21), nunca vienen verdaderamente a Cristo.

- **La perseverancia de los santos.** Por el don de la perseverancia otorgado por Dios, los creyentes pecan, pero se arrepienten. Ningún elegido se perderá, de ahí la frase "una vez salvo, siempre salvo". Aunque el sentido de la seguridad de la salvación sea debilitado o interrumpido por negligencia en conservarlo, o por pecado; nunca quedan destituidos de la "simiente de Dios". El creyente no puede caer totalmente de la gracia (Fil. 1:6; 2 Tim. 1:12; Jds. 24; Jn. 16:29).

EL SÍNODO DE DORT, convocado en 1618-1619, reunido para definir las doctrinas reformadas y especialmente el tema de la predestinación, rechazó los 5 artículos arminianos (que ya describimos) y adoptó los 5 puntos del calvinismo. La razón de que tan sólo algunos miembros de la raza humana, pecadores, vinieran a la fe -agregaron en ese Sínodo- debe atribuirse al consejo eterno de Dios.

LA CONFESION DE WESTMINSTER: Sirvió de base a la iglesia presbiteriana de Inglaterra. Aprobada por el parlamento inglés en 1648, hizo definiciones importantes sobe Dios, Cristo, la Trinidad, la predestinación etc.

DEFINICION SOBRE LA PREDESTINACION: Dios, desde la eternidad, ordenó libre e inalterablemente todo lo que sucede. "*Algu-*

nos hombres son predestinados para vida eterna y otros para perdición eterna" Sin embargo lo hizo de tal manera que Dios no es autor del pecado, ni hace violencia al albedrío de sus criaturas.

DEFINICION QUE HIZO SOBRE DIOS: Aunque no estamos de acuerdo en todo, con ellos, hemos de agradecerles una definición sobre Dios, que a decir de Myer Pearlman, *"es la mejor definición que jamás se haya dado"*

"Dios es Espíritu, infinito, eterno e inmutable en su ser, sabiduría, poder, santidad, justicia, bondad y verdad"

UNA PERSPECTIVA PENTECOSTAL

Nuestra aportación, sintiendo celo también por la soberanía de dios:

Nuestra aportación la realizamos analizando el pasaje de Mateo 9:35-38. Allí se muestra a Jesús ejerciendo su múltiple ministerio como maestro, predicador y sanador. Pero también se le revela compasivo ante las multitudes desamparadas y dispersas, sin pastores. Por ello señala a los creyentes una gran responsabilidad:

- **Jesus señala una responsabilidad a la iglesia (mt 9:37)**

"...A la verdad la mies es mucha, mas los obreros pocos, rogad, pues, al Señor de la mies, que envíe obreros a su mies".

Por tanto, la iglesia debe:

1. Ser consciente del tamaño de la mies (del campo), de la cosecha.
2. Percibir que el número de Obreros es reducido.
3. Rogar al Señor de la mies o de la cosecha (Mt. 9:35-38).

CAPÍTULO 6

Cristo le señala al hombre una responsabilidad después de que ha venido a su conocimiento y acepta a Dios por Padre. Le pide que ruegue por obreros que trabajen para levantar la cosecha formada por más almas.

- **¿Por qué orar al señor para que envíe obreros?**

1. ¿Acaso el Señor no quiere ya hacer eso? ...¡Absolutamente, que sí lo quiere!
2. Esa oración tiene más que ver con cambiar nuestros corazones que cambiar el corazón de Dios.

En el original griego se usa el verbo "*deomai*", para pedir que oremos. La Biblia Reina Valera traduce *deomai* con la palabra española rogad. Existen varios pasajes donde se usa con este sentido:

- **Lucas 10:2 La cosecha (la mies) es mucha, mas los obreros pocos;** por tanto, rogad al Señor de la cosecha que envíe obreros a su mies. Aquí se usa "*deomai*".(debe decirse que hay otros verbos griegos que también se traducen orar).

    Si podemos notar, Jesús aquí no nos dice que hagamos una petición, ni que expresemos un deseo, sino que indica una acción más intensa. Otras versiones traducen deomai con la palabra suplicar (to beseech) o con implorar (top lead earnestly) o con pedir con ruego (to beg).

    Eso es algo más fuerte que simplemente orar. Algo más radical.

- **Lucas 5:12,13 el leproso que le rogó (*deomai*)** diciendo: —Señor si quieres puedes limpiarme. Jesús extendió la mano y dijo: —Quiero, sé limpio.

- **Lucas 8:38 el endemoniado gadareno,** que una vez que fue sanado, le rogaba, (*deomai*) que lo dejara ir con El.

- **L***ucas 9:38 el padre que rogó (deomai) a Jesús que sanase a su hijo endemoniado.* Jesús lo hizo y todos se admiraban de la grandeza de Dios.

- ***Lucas 22:31,32 Cuando Jesús intercedió por Pedro para que no fuese zarandeado.*** Jesús le dijo: —"yo he rogado (*deomai*) por ti que tu fe no falte", Todos usan "*deomai*". Es decir, le deja al hombre la responsabilidad de rogar por la salvación de las almas.

    Dios en su soberanía, por decirlo, se ha limitado a sí mismo, a la oración de su pueblo. Sólo después de que su pueblo ha orado, realiza Dios su obra.

    Aquí se muestra también un principio espiritual de Dios. Antes de actuar, por lo general, le pide a su pueblo que ore.

¿QUIEN DOTÓ AL HOMBRE DE LIBRE ALBEDRÍO?... ¡DIOS!

Contrario a lo que los calvinistas piensan: Dios está en control y su soberanía se mantiene. Su voluntad "se hace" cuando un determinado grupo de sus hijos dotados de libre albedrío por el mismo Dios, voluntariamente deciden aceptarlo por Padre.

Todos lo hacen libremente. Es la respuesta sincera y honesta al ofrecimiento de su gracia.

No fue la determinación de Dios de que se salvaran esos, ni de que se perdieran los otros, como el Calvinismo lo presenta; sino que la voluntad del hombre, con la que Dios mismo le dotó, entró en acción de acuerdo a su plan creador desde la eternidad.

La voluntad perfecta de Dios se realiza, cuando el hombre voluntariamente le ama, lo busca, lo adora, lo acepta como Padre; sin ninguna coerción, por propio gusto y placer; tratando de servirle, honrándole, respetándole, dándole gracias por todo a cada instante y reconociendo su divina intervención en cada paso de la vida.

El hombre sabe que ha sido creado por El, pero voluntariamente lo adopta por Padre y se convierte en hijo por adopción y no solamente

CAPÍTULO 6

por creación. Vive cada día tratando de agradarle como lo hizo su hermano mayor, Jesús, (Jn. 8:29) y no solamente por temor a un castigo o por el anhelo de un premio eterno.

Y este hombre transformado, consciente de su responsabilidad, ruega al Dios soberano, (que pudiera hacerlo sin que se lo pidamos), que salve a las almas.

¿Qué dirían Lutero y Calvino, así como los participantes en el Sínodo de Dort y los anglicanos con su Confesión de Westminster; de este pentecostal mexicano apoyando a Arminio y a Wesley?

OTROS MOVIMIENTOS POST-REFORMA

Cientos de iglesias cristianas surgieron en los países europeos y pronto, cientos y miles en las colonias americanas, producto de la inmigración de grupos de creyentes que buscaban una nueva tierra en donde expresar su fe con libertad.

1. LOS PURITANOS EN INGLATERRA Y EE.UU.

Fueron llamados los "Peregrinos" por su salida de Inglaterra hacia Holanda y luego hacia el Nuevo Mundo, buscando una tierra en donde adorar a Dios en libertad. Se establecieron en los alrededores de Boston MA, a partir de 1620 y luego se distribuyeron por la costa Este de los Estados Unidos, junto a sucesivos grupos de peregrinos/puritanos que fueron llegando, para establecerse en lo que hoy se conoce como Nueva Inglaterra (New England).

Los puritanos en Inglaterra habían tratado de "purificar" la iglesia existente, de remanentes de la Iglesia Católica tanto en doctrina como en gobierno. Se destacaban por su espíritu estricto de moralidad y religiosidad que influenciaba todas sus formas de vida. Su anhelo nunca realizado, tristemente, era que toda la Nación viviera como ellos, de acuerdo con las normas bíblicas de fe y conducta.

Cuando viajaron al Nuevo Mundo trataron de poner en práctica ese sistema de vida en cada Colonia que establecieron, no solamente en el área de Boston, pero también en Rhode lsland con Roger Williams y sus variantes y desde luego en Pennsylvania con el quáquero William Penn, cuyo apellido fue honrado dándole nombre a todo el Estado.

Cada año como sabemos, la nación americana en el mes de noviembre recuerda a los peregrinos/puritanos, suspirando los creyentes piadosos de cada generación, por esa forma de vida que ellos ejemplificaron valientemente, al dejarse gobernar por las leyes divinas como se establecen en la Palabra. La influencia puritana duró varios siglos hasta que se fue diluyendo o transformando en otras Denominaciones. El famoso Jonathan Edwards fue un puritano.

2. EL MOVIMIENTO PIETISTA.

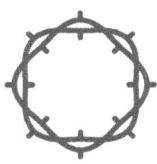

El movimiento nació en Leipzig, Alemania en 1689, muy cerca de donde había vivido Martin Lutero 150 años antes. Es un antecedente de los "grupos familiares" o "células" que han tenido tanto éxito en el mundo. Aún hoy en día la mayoría de las iglesias crecientes complementan sus masivos cultos con estudios bíblicos en los hogares.

CAPÍTULO 6

Philipp Jakob Spener el iniciador del "Pietismo" (1635-1705) comenzó a reunirse en su casa con "laicos" para estudiar las Sagradas Escrituras, dado que el Luteranismo había caído en un sistema legalista de doctrina y teología afectando la vida cristiana libre que muchos deseaban. A favor de este último pudiera decirse que, al estar enfocados en una lucha con la Iglesia Católica y los oponentes a la Reforma, descuidaron el fortalecimiento espiritual de los fieles. Las reuniones iniciadas por Spener tuvieron éxito y se extendieron por todo Alemania.

En uno de tantos estudios bíblicos se convirtió Alexander Mack que vino a formar en los Estados Unidos, el movimiento llamada "Iglesia de los hermanos", básicamente en el Estado de Pennsylvania por 1719. Cuya característica fundamental era la de no tener Pastores o Supervisores, sino solo "hermanos" (hoy existen, pero no han crecido mucho, lo que revela que si se necesitan pastores).

El "pietismo", como dijimos, daba más importancia a la experiencia religiosa personal que al formalismo, fundamentándose en el estudio diario de la Biblia. Por eso, ellos mismos publicaron "La Biblia de Berleburg" bajo el erudito pietista Johann Haug. Con el tiempo, influenciaron al Conde Von Zinzendorf iniciador del movimiento moravo, el cual a su vez influenció a John Wesley el fundador del Metodismo y desde luego a muchos grupos cristianos tanto en Europa como en América.

Pudiera decirse que el Pietismo es el antecedente alemán de los movimientos de renovación que surgieron en los Estados Unidos en el Siglo XIX y cuyos miembros se unieron masivamente al poderoso movimiento pentecostal que se desarrolló durante el Siglo XX.

3. LOS MORAVOS EN ALEMANIA.

El Conde Nickolaus L. Von Zinzendorf (1700-1760) en la región de Moravia, en Sajonia, fue el iniciador de un fuerte movimiento misionero. Influenciado en cuanto a su conversión por su aristócrata abuela, una devota pietista, amiga íntima del teólogo Philipp Jacobo Spener el director del naciente movimiento pietista, como ya dijimos. La abuela le heredó sus posesiones, en las cuales con el tiempo albergaría a los refugiados de Bohemia y Moravia que huían perseguidos por sus convicciones religiosas y aún creyentes de otras partes de Europa.

Estableció un sistema que es otro antepasado de los grupos celulares, pero tal vez más integral e inclusivo, llamándoles *"ecclesiolae in ecclesia"*, o sea "pequeñas iglesias dentro de la iglesia" logrando el ideal cristiano de que todos los aspectos de la vida diaria fueran subordinados al imperativo de disfrutar una gozosa comunión con Cristo. Su lema era: "no puede haber cristiandad sin comunidad", al grado que sus grupos comunales se organizaron permanentemente por edad, sexo y estado marital, proveyéndose entre ellos mismos casa, trabajo, alimentos y edu-

CAPÍTULO 6

cación, siguiendo las teorías pedagógicas de Zinzerdorf.

Viajó a Holanda e Inglaterra en el Viejo Mundo, así como a las islas del Caribe y los Estados Unidos, fundando comunidades moravas. La más importante se estableció en Bethlehem, Pennsylvania. En las costas de Honduras y Nicaragua, a decir del misionero Néstor Medina existen todavía iglesias moravas.

Zinzerdorf soñó con establecer una iglesia ecuménica, en el sentido espiritual de la palabra, una iglesia unida en donde cada congregación, se manifestara con su propia forma de expresión, pero en torno del mismo set de verdades religiosas. Su influencia fue sentida más allá de "la religión del corazón" que él predicaba fervientemente, en donde los sentimientos de una verdadera fe y emociones se manifestaran diario en toda la comunidad. Su celo produjo una red mundial de oración y misiones que lanzó a los moravos como los primeros misioneros de la era moderna.

Aún Juan Wesley y su hermano Carlos cuando viajaron a América, fueron influenciados por la vida piadosa del grupo moravo con el que viajaron por semanas, en el mismo barco. Al fundar la Iglesia Metodista incluyeron elementos pietistas, tales como el énfasis en la gracia salvadora.

Digna continuación de aquella visión que Zinzerdorf recibió cuando, visitando un museo, observó un cuadro que representaba a Cristo con sus brazos extendidos sobre la cruz, entregando su vida por la salvación del mundo. La inscripción era bien impactante: "esto hice yo por ti, tú que has hecho por mí", el joven Conde salió del museo hasta que lo cerraron, pero con una firme convicción: abriría su castillo y propiedades para que vinieran a refugiarse todos los que sufrían por su fe.

Allí Inició una cadena de oración de 24 horas, que duró más de 25 años. Al comenzar el Siglo XXI, según la Britannica World Religions, la Iglesia Morava suma unos 600 000 miembros en el Mundo.

Déjeme compartirle que yo leí esa historia cuando era joven y como él, me decidí a realizar todo lo que pudiera, limitado sólo por mis capacidades, para fructificar durante toda mi vida lo más por mi Señor. Si usted es influenciado al leer esta historia, pudiera ser un fruto más de la vida piadosa de ese Conde Alemán.

4. LOS WESLEYANOS EN INGLATERRA.

Juan Wesley (1703-1791) fue ordenado ministro por la Iglesia de Inglaterra en 1728 y en 1729 al estudiar en Oxford junto a su hermano Carlos y otros cuatro, comenzaron reuniones de estudio bíblico y ayuno 2 veces a la semana, que les ganaron el mote primero de "The Holy Club" y luego de "Methodists". El grupo añadió a sus devociones la visita a reclusos en las cárceles locales enseñándoles a leer, pagar sus deudas y encontrar empleo. Y también llevando comida, ropas, medi-

CAPÍTULO 6

cinas y educación a los necesitados; lo que sería un postulado de la Iglesia Metodista al formarse años después.

Juan Wesley y su hermano Carlos viajaron a Georgia en U.S.A. como misioneros. En su viaje conocieron a creyentes pietistas y moravos que los influenciaron para vivir una vida de piedad y consagración. Al regresar a Inglaterra iniciaron la Iglesia "Metodista", plantando cientos de congregaciones. Desde luego después del verdadero encuentro que tuvo Juan Wesley con el Señor Jesús la noche del 24 de mayo de 1738 en la capilla de Aldergate St en Londres.

Eso ocurrió bajo la ministración de Peter Bohler, un moravo, que les leía los comentarios de Martin Lutero a las cartas de Pablo a los Gálatas y a los Romanos. Preciosas cadenas espirituales que forma el Señor. Desde ese punto en adelante a sus 35 años, Wesley entendió su verdadera misión en la vida: "proclamar las buenas nuevas de salvación por la Fe en Jesús". Carlos por su parte, se dedicó a escribir himnos que hoy en día continúan en los himnarios de Inglaterra y EE.UU. Se dice que escribió más de 6000 bellos cantos.

La Iglesia de Inglaterra pronto le cerró las puertas a Wesley debido a su manifiesto entusiasmo privado y público, por lo que tuvo que salir de ella para formar su propia iglesia, tal y como sucedió a Lutero que originalmente tan sólo quería reformar su propia institución religiosa. Martín Lutero, la Católica y Juan Wesley la Anglicana.

George Whitefield el famoso evangelista lo persuadió a irse a las masas. Junto con él comenzaron campañas al aire libre ganando a miles de adeptos. Interesante es saber que antes de Whitefield no se mencionaba el ministerio de evangelista como parte de los cinco clásicos ministerios de Ef. 4:11; solamente se hablaba de pastores y maestros. La misma resistencia para denominar hoy a los apóstoles y profetas (Hch. 13:1; 1 Ts. 5:20).

La Iglesia Metodista se organizó fuerte en Inglaterra, y pronto en los Estados Unidos bajo Francis Asbury (en su honor se nombró el Asbury Seminary) y Thomas Coke, a quienes en 1784 se les designó Obispos de la Iglesia Metodista Episcopal, definiendo así el sistema episcopal (epíscopos=obispo) de gobierno que la iglesia seguiría por todo el mundo, pues hoy en día tienen obra en los cinco continentes, en donde cada País nombra a su Obispo.

En el caso de México cuentan con 2 obispados, el de la Zona Sur que data de finales del Siglo XIX (En los 80´s tuve el gozo de convivir con 2 de sus obispos: el Dr. Alejandro Ruiz y el Rev. David Ruiz Ávila) y el de la Zona Norte, establecido más recientemente.

Sus puntos básicos de Fe y conducta se sintetizan en estos.

- Un credo surgido de la Reforma.
- El poder del Espíritu Santo para confirmar la fe de los creyentes y la transformación de sus vidas. Nótese, que de las iglesias llamadas "históricas", los pente-

costales estamos más cerca de ellos, por su énfasis en el Espíritu Santo y la doctrina arminiana.

- El corazón de la religión radica en una relación personal con Dios haciendo sencilla la adoración. Dejando atrás el ritualismo católico, luterano y anglicano.

- Trabajo cooperativo de ministros y laicos en la administración de la iglesia local. De allí las fuertes juntas administrativas de Gobierno, en donde, debe decirse, la mayoría de las veces el pastor no es el presidente.

- Preocupación por los pobres y los grupos menos privilegiados a fin de mejorar sus condiciones sociales. Sus hospitales continúan fuertes en EE.UU.

- Formación de grupos de estudio y comunión, para la nutrición, edificación y motivación de los fieles.

- Énfasis en un testimonio cristiano que se muestra en "un perfecto amor", enfoque permanente de Juan Wesley, quien mantenía que cada cristiano debía aspirar a tal perfección con la ayuda del Espíritu Santo.

5. EL MOVIMIENTO MISIONERO MODERNO Y GUILLERMO CAREY (1761-1834)

Su viaje a la India sostenido por iglesias de Londres y su estadía permanente en ese País traduciendo las Sagradas Escrituras a los idiomas de la India, es considerado como el arranque del movimiento misionero mundial moderno. La diferencia con los misioneros moravos tal vez radica en el hecho de que éstos se trasladaban con toda su familia pensando en establecerse permanentemente en el País escogido y la ayuda que les brindaban desde Alemania no era sistemática, sino tan sólo inicial. En el caso de William Carey su sostenimiento y el de otros, con el tiempo vino de la Sociedad Misionera Bautista en una forma permanente.

Su decisión para irse a la India en 1793, en un largo viaje que duraba más de tres meses, inició un movimiento misionero entre los ingleses creándoles conciencia de evangelizar el Mundo. Como pastor bautista no se sintió totalmente realizado, ardía en su corazón un fuego por predicar a Cristo entre los perdidos de la Tierra, no sólo de Inglaterra, en donde sus compañeros clérigos eran ultra-calvinistas, (los escritos de David Brainerd, predicando a los nativos de EE.UU. lo inspiraron fuertemente). En una reunión de líderes en 1786 dónde Carey los desafió a lanzarse a "convertir paganos", el pastor J.R. Ryland lo increpó diciéndole: *"joven, siéntese, cuando Dios quiera que se conviertan los paganos, Él lo hará sin su ayuda y sin la mía"* (aquí recordemos los extremos del calvinismo). Eso lo movió a escribir un manual titulado *"An Enquiry into the Obligations of Christians to use Means for the Conversion of the Heathens"* o sea, diríamos. "Una investigación sobre las obligaciones de los cristianos usando todos los medios para la conversión de los paganos". Que tal vez es el primer tratado misionero moderno.

Los $60 iniciales que le reunieron a Carey en un solo culto y luego partidas mensuales, fueron confirmación a su llamado misionero que mucho lo ayudaron a él y su familia para dedicarse a traducir la Biblia al Sánscrito, Hindi y Bengalí, entre otros idiomas de la India. Siempre se recordarán sus epigramas valientes, casi axiomas cristianos: "ustedes sostengan la cuerda y yo bajaré al pozo" y también: "haz grandes cosas para Dios y espera grandes cosas de parte de Dios" (este último en un sermón basado en Is. 54:2-3).

Grande fue su gozo cuando en 1800 experimentó 2 grandes recompensas: ver traducido el Nuevo Testamento al Bengalí y lograr su primer convertido hindú.

Carey, a decir de los soldados ingleses viviendo en la India, que no querían a los predicadores, era un zapatero metido a misionero. A lo que él alegremente les contestaba, -no digan eso por favor, sólo era "un zapatero remendón". Pero con grandes habilidades lingüísticas, pues antes de partir ya hablaba latín, griego, hebreo, italiano y algo de francés y danés.

Muchos misioneros salieron posteriormente de la Gran Bretaña. Inolvidables los nombres de David Livingstone, Hudson Taylor, Samuel Morris y otros que abrieron camino en Africa, China, Persia y la India.

CAPÍTULO 6

 **Contestando por deducción**

1. Escriba una breve biografía de Casiodoro de Reina.
2. ¿Cuál fue la importante aportación de Cipriano de Valera?
3. Escriba una breve biografía de Felipe Melanchton.
4. Mencione algunos acuerdos positivos del Concilio de Trento y varios de los negativos.
5. ¿Cómo aceptaron los católicos "La Justificación por la Fe"?
6. Escriba una breve biografía de Jacobo Arminio.
7. ¿A qué se le llama "la presciencia de Dios"?
8. ¿Cómo explica Wayne Grudem: "A los que conoció de antemano"?
9. Repita las 4 declaraciones básicas del Arminianismo.
10. Escriba una breve biografía de Juan Calvino.
11. ¿Cuáles son los 5 puntos fundamentales del Calvinismo?
12. Escriba la definición sobre Dios, dada en la Confesión de Westminister.
13. Escriba una breve biografía del Conde N. Von Zinzerdorf.
14. Escriba una breve biografía de Juan Wesley.
15. Anote los puntos clave del Metodismo.

 **Pensando Inductivamente**

1. ¿Qué se puede decir del trabajo conjunto de Casiodoro y Cipriano?
2. ¿Qué piensa sobre la división que ocurre entre líderes por temas tan sagrados?
3. ¿Qué diferencias se pudieran establecer entre ordenanzas y sacramentos?
4. Escriba su propio concepto sobre la infalibilidad papal.
5. Encuentre algunos puntos de concordancia entre Arminio y Calvino.
6. ¿Qué opina de lo dicho en la Confesión de Westminister sobre la predestinación?
7. ¿Por qué se les llamó a los arminianos, remostrantes?
8. ¿Qué le parece nuestra aportación pentecostal? ¿Algún comentario?
9. ¿Cómo piensa sobre el efecto de la filosofía puritana en EE.UU.?
10. Un comentario sobre la influencia que podemos ejercer en otros.
11. ¿Cómo le gustan los pensamientos de Guillermo Carey?

CAPÍTULO 6

 **Trabajos optativos asignados por el maestro**

1. ¿Cuál ha sido la malvada función de la Inquisición?
2. Hacer un resumen sobre el Concilio de Trento.
3. Escribir una síntesis sobre los Concilios Vaticano I y II.
4. Hacer una buena síntesis sobre los puntos principales del Arminianismo. Sintetizándolos aún más.
5. Hacer una breve investigación sobre el Pietismo.

Capítulo 7

LOS MOVIMIENTOS PRE-PENTECOSTALES Y PENTECOSTALES EN LOS ESTADOS UNIDOS

CAPÍTULO 7

 **Bosquejo**

1. Un antecedente espiritual en los Estados Unidos: los dos grandes despertamientos o avivamientos.
   - Primer gran despertamiento con Jonathan Edwards 1735-1750.
   - El Segundo gran despertamiento: 1800-1840.
   - Un posible tercer gran despertamiento 1880-1910.
2. Un antecedente racionalista y antibíblico: Liberalismo o Modernismo en Europa y en EE.UU.
3. Área Socio-Política en EE.UU. en el Siglo XIX.
4. Área Religiosa:
   - John Alexander Dowie.
   - J. Nelson Darby.
   - Albert B. Simpson.
   - Adoniram Judson Gordon.
   - Movimiento de Santidad.
   - Movimiento Wesleyano sobre el Espíritu Santo y la Santidad.
   - El Ejército de Salvación.
   - El Movimiento Espiritual no-wesleyano.
     - Dwight L. Moody.
     - Reuben A. Torrey.
   - Conclusiones.

UN ANTECEDENTE ESPIRITUAL EN LOS ESTADOS UNIDOS: LOS DOS GRANDES AVIVAMIENTOS

1. **Primer gran despertamiento: Jonathan Edwards (1703-1758).**

   Desde Massachusetts propició el primer despertamiento. (First Great Awakening) entre 1735- 1750 el cual se extendió por la Costa Este de los Estados Unidos, logrando miles de convertidos. Su mensaje junto al de George Whitefield (1714-1770), David Brainerd (1718-1747) -entre los indios americanos- William Tennant, y otros predicadores que alcanzaron grandes áreas de EE.UU., los cuales fuertemente enfatizaban:[1]

   - La soberanía de Dios.
   - La depravación de la humanidad.
   - La realidad del infierno.
   - La necesidad del nuevo nacimiento.

   El famoso sermón de Jonathan (tal vez el más famosos de los sermones americanos) "Pecadores en las manos de un Dios molesto" (*"Sinners in the Hands of an Angry God"*) predicado en 1741, produjo el arrepentimiento de un pueblo entero, en el cual hombres y mujeres lloraron compungidos en el templo y por las casas, al grado de que se cerraron tabernas.

   "Era como una ciudad en sitio", dicen las crónicas. Escenas semejantes se repitieron en muchos lugares (ya antes en 1735 predicando en Northfield, MA se entregaron 300 en una noche).

---

[1] Artículos sobre J. Edwards y Raikes en Wikipedia y World Religions.

CAPÍTULO 7

En ese tiempo de avivamiento surgieron las grandes universidades: Yale, Princeton (fundada en 1746). formadas por cristianos. Edwards mismo fue rector de Princeton antes de morir.

2. **El Segundo Gran Despertamiento (1800-1850).**

Se caracterizó por el surgimiento de grandes Denominaciones, como los Adventistas, la Iglesia de Cristo, Los Discípulos de Cristo, aun el Mormonismo. Las iglesias Bautistas y metodistas se fortalecieron. En general, en este tiempo se desarrolló la Escuela Dominical con el formato que llegó de Inglaterra. (recordemos a Robert Raikes, editor de un periódico en Gloucester Manchester y sus escuelas dominicales para niños a partir de 1780). La Escuela Dominical constituye un fuerte bastión en las iglesias americanas, a despecho de un marcado desplazamiento en las mega-iglesias.

3. **Algunos historiadores hablan del 3er. Gran Despertamiento (1880- 1910)**

Con el surgimiento de nuevas Denominaciones (tendrían que incluir aquí por fuerza a los movimientos pentecostales, lo cual no hacen), un activo trabajo misionero y el fortalecimiento del Evangelio Social. El enfoque desde luego era el de aplicar éticas cristianas a problemas sociales.

Doctrinalmente sus defensores apoyaron el Postmilenialismo, porque creían que Cristo vendría cuando la humanidad se librara de los males sociales por sí misma.[2] La primera guerra mundial en donde las grandes potencias "civilizadas y cultas" se destrozaron, acabó con sus utopías.

---

2   Artículo en World Religions de Enciclopedia Británica.

UN ANTECEDENTE RACIONALISTA Y ANTIBIBLICO
LIBERALISMO O MODERNISMO EN EUROPA Y EE.UU.[3]

- *El liberalismo* fue un producto del llamado "*Enciclopedismo*" o "*Ilustracionismo*" en Europa, que infortunadamente se filtró a la teología y originó un cambio radical de actitud ante la fe cristiana tradicional. Se desarrolló a partir de los inicios del Siglo XIX. Su mayor distintivo fue y ha sido el deseo de adaptar las ideas religiosas a la cultura moderna y a la manera actualizada de pensar. Sus expresiones características han sido algo como esto: "el mundo ha cambiado y la terminología bíblica y los credos son incomprensibles e impracticables al hombre moderno". Por ende, la fe cristiana debiera ser repensada y comunicada en términos entendibles a las generaciones contemporáneas.

- El segundo elemento fue *el rechazo a la fe religiosa* que se basa sólo en la autoridad de la Biblia. La doctrina debe acomodarse a la razón, a la experiencia humana, al racionalismo, al humanismo, a la crítica literaria de la Biblia y a las teorías de la ciencia.

- *Los liberales y modernistas comenzaron a enseñar que la Biblia contiene mitos, supersticiones y errores.* Los catedráticos en las facultades de teología de las grandes universidades y seminarios comenzaron a cuestionar las doctrinas de la trinidad, la encarnación, el nacimiento virginal de Cristo, los milagros, el pecado original y los conceptos bíblicos del cielo y del infierno. Es decir, enseñaron que todos los seres humanos comparten la divinidad porque son creados a la imagen de Dios. Para hallar a Dios, el hombre debe mirar dentro de sí mismo y no buscarle solamente en la Biblia.

- El liberalismo fomentó *la creencia en la inmanencia de Dios,* o sea, que Él está dentro del mundo y es inse-

---
[3] Referencias en Wikipedia y World Religions.

parable de éste. No es un ser por encima del universo, sino forma el alma y la vida de la creación. Puesto que Dios está presente y obra en todo lo que sucede, no hay distinción entre lo natural y lo sobrenatural. No hay milagros, pues todo es natural, es decir, es la obra de Dios. La presencia divina se revela en tales cosas como la verdad racional, la belleza artística y la bondad moral, (nótese que es un panteísmo disfrazado y tal vez importado de las religiones orientales).

- *El hombre es bueno y progresa hacia la perfección.* El pecado no es un principio de maldad en el hombre, sino la consecuencia de la ignorancia, una mala adaptación e inmadurez, que pueden ser superados por la educación. La Salvación consiste en quitar las imperfecciones humanas y mejorar moralmente al hombre. Desde luego el ejemplo y la ética de Jesús, son factores importantes para lograrla ¡por fin apareció Jesús!

- El liberalismo *se abrió a aceptar corrientes de pensamiento* antagónico a la ortodoxia cristiana y aún aceptó las ideas de las religiones paganas, como ya dijimos. Sin embargo, tristemente, su mentalidad no tuvo, ni tiene, la amplitud necesaria para aceptar lo sobrenatural del cristianismo bíblico. Desgraciadamente el Modernismo y el Postmodernismo entrelazados, están presentes afectando la vida de la sociedad contemporánea. (véase el Cap. 2 en mi libro: *Teología Contemporánea en el Siglo XXI*).

AREA SOCIO-POLITICA EN USA EN EL SIGLO XIX.

A raíz de los grandes cambios originados por la Guerra Civil, 1861-1865, entre el Norte industrializado y el Sur esclavizante, con la posterior liberalización de los áfrico-americanos, al final del Siglo XIX, la Nación se encontró en un estado de corrupción moral, política y económica. La industrialización creciente, la urbanización y la inmigración europea, cambiaron el apacible mundo de los pueblos y medianas ciudades, afectando en muchas formas la composición étnica de las iglesias. Los esclavos que habían crecido en ambientes cristianos pero esclavizados, buscaron su libertad en todos sentidos y muchos se mundanalizaron, en una especie de reacción ante sus amos cristianos.

AREA RELIGIOSA

Las grandes confesiones cristianas se habían vuelto complacientes, sofisticadas y carentes de visión. Las ideas liberales de Europa se introdujeron en las iglesias evangélicas ortodoxas, limitándoles las respuestas espirituales a un pueblo angustiado y hambriento de una vida más profunda en el espíritu.

Esa decadencia propició, para bien de la Nación, el desarrollo de los movimientos fundamentalistas y de santidad. Las manifestaciones carismáticas se hicieron más frecuentes, habiendo vestigios de que ya que, en varios lugares, se produjeron antes de 1900. Eso estaba preparando el terreno para el gran movimiento pentecostal que inundaría la tierra y traería una renovación en el Siglo XX, ya no en forma esporádica, sino permanente.

A continuación, una breve lista de los destacados líderes provenientes de diversos trasfondos denominacionales, y aún de varios países, que fundaron iglesias y organizaciones trascendentes en su tiempo y que pudieran considerarse, con todo respeto pre-pentecostales:

1. John Alexander Dowie (1847-1907)

Un congregacional escocés llegado de Australia comenzó un movimiento restauracionista, con sede principal en Chicago, el cual influenció a las Iglesias de Cristo y Discípulos de Cristo, así como a muchos que llegarían a ser parte de Asambleas de Dios. Dowie esperaba la restauración divina de los oficios de Apóstol, Profeta y Maestro, tanto como los dones enlistados en 1 Cor. 12. Sus seguidores predicaban la sanidad

CAPÍTULO 7

divina a ultranza, esperando la plena restauración de la cristiandad primitiva y la reforma de las instituciones religiosas. En 1899 fundó Zion City, Illinois, junto al lago Michigan en una propiedad de 6500 acres, como una ejemplar ciudad sin lugares pecaminosos, para unos 6000 habitantes fundadores. Como evangelista que era predicó por todos los Estados Unidos, incluyendo una campaña de dos semanas en el Madison Square Garden de New York en 1903.

Al tiempo, muchos líderes de Asambleas de Dios surgieron dentro de sus fieles seguidores.

2. J. Nelson Darby (1800-1882)

Un anglicano nacido en Londres, pero formado en Irlanda, entre otros enfoques, dividió la historia bíblica en siete períodos a los que llamó "dispensaciones". Enfatizaba que el regreso de Cristo debía enseñarse como -*"always inminent"* and *"any moment"*-, ("siempre inminente" y "en cualquier momento") para arrebatar a la iglesia, vendrán luego siete años de tribulación, antes de regresar Jesús a reinar por mil años.

El "Dispencionalismo" fue luego ampliado en el Siglo XX y mantenido como una doctrina básica. La Biblia Comentada del Dr. Scofield, un teólogo bautista que la recalcaba, ha sido un libro de texto para muchas denominaciones. La doctrina también se enseña en el Dallas Theological Seminary y se ha difundido por escritores como Hal Lindsey y Tim LaHaye. Debe agregarse que Darby predicaba la necesidad de una personal santidad y un militante evangelismo, siendo él mismo una figura prominente dentro del original movimiento Plymouth Brethren. Esta organización se dice, influenció al famoso Watchman Nee (Nee To Sheng) y el surgimiento en China de la iglesia llamada *"The Little Flock"*, (El Pequeño Rebaño), que pronto no tuvo nada de pequeño, pues superó a todas las misiones combinadas.[4]

---

4   The Ten Greatest Revivals Ever F Romanos Pentecost to the Present. Liberty University 2000 por Elmer L. Towns.

3. Albert B. Simpson

Un anterior ministro presbiteriano, fundó la Alianza Cristiana y Misionera en 1887, como una asociación interdenominacional, enviando misioneros en un esfuerzo "al final de los tiempos" para lograr en su generación, la evangelización del mundo.

Doctrinalmente se enfocó en la persona de Cristo el sanador, y la relación entre la sanidad y una vida superior. Era un premileniarista proclamando la vida de santidad y el bautismo del Espíritu, articulando un mensaje con el cual los primeros pentecostales se identificaban. Declaraba, hablando del Espíritu Santo: "No somos llenados con una influencia, no somos llenados con una sensación, no con una serie de ideas, no con una bendición, somos llenados con una persona".

4. Adoniram Judson Gordon (1836-1895)

Un anterior pastor bautista de Boston, asociado de D.L. Moody, como predicador en sus convenciones[5] y fundador de una Escuela Bíblica que llegó a ser el afamado Gordon Conwell Theological Seminary. Existen planes para comenzar en el Rio Grande Valley una extensión. En 1882 publicó *"El Ministerio de Sanidad"* (The Ministry of Healing) un libro con el que estarían de acuerdo muchos pentecostales, sin dudar. Enseñaba que Jesús sufrió en la expiación, como el cordero sustitutivo, por tanto, la fe en su muerte expiatoria origina salvación, así como sanidad física, mental y espiritual. A.J. Gordon, entendía las llamadas "crisis" de los wesleyanos, como llenuras del Espíritu.

Una de sus frases le recuerda: *"Tú puedes hacer más que orar después de que has orado, pero tú no puedes hacer más que orar, hasta que has orado"* (es decir es fundamental la acción de orar).

---

[5] Biografía por Ernesto Gordon 1896. Citada en Wikipedia.

CAPÍTULO 7

En su libro *"El Ministerio del Espíritu Santo"* (The Ministry of the Holy Splrit)[6]escrito en 1894 afirmó: "se ve claro, a la luz de las Escrituras que es un deber y privilegio de los creyentes recibir el Espíritu Santo, por un acto definido y consciente de apropiación de fe, justo como cuando ellos recibieron a Jesús".

5. Movimientos de Santidad.

Varios movimientos de santidad a finales del Siglo XIX se identificaron con la creencia en experiencias religiosas en términos de "crisis" en lugar de un desarrollo espiritual gradual. Un grupo llamado "Iglesia de Santidad bautizada en fuego" enseñaba que la conversión instantánea sería el nuevo nacimiento; la santificación instantánea, sería la segunda bendición; le seguiría luego el bautismo en el Espíritu Santo. La sanidad divina instantánea a través de la oración y en cualquier momento la instantánea premilenial segunda venida de Cristo.

6. Movimiento Wesleyano sobre el Espíritu Santo y la Santidad.

Siguiendo las enseñanzas de Juan Wesley muchas iglesias metodistas insistieron en "la entera santificación" del creyente, como "una segunda definitiva obra de gracia" en la cual la inclinación al pecado pudiera ser desenraizada y reemplazada por un perfecto amor. La llamaron también "segunda bendición" o también bautismo con el Espíritu Santo. Los pentecostales más tarde no aceptarían el aspecto de "una segunda obra de gracia" o "una crisis de entera santificación": como ellos la llaman en su declaración de fe",[7](Articles of Religion, from The Wesleyan Church) ni que eso fuera el bautismo con el Espíritu, pero sí reconocieron lo espiritual del movimiento, el cual continúa hasta hoy, como una Denominación más.

---

6 The Ministry of the Holy Spirit,1894.
7 Articles of Religion the Wesleyan Church

7. **El Ejército de Salvación.**

   El cual nació como un movimiento de santidad en 1865, derivado de los wesleyanos, pero con la fuerte preocupación social que aún conservan. El pastor metodista William Booth, primer "general" le imprimió un fuerte sello de servicio y sacrificio, organizándolo como un ejército mundial cuyos líderes reciben grados tipo militar: General, Coronel, Capitán.

   Hoy en día operan en 123 países, proveyendo servicios en 175 lenguas. Su Oficina ejecutiva (International Headquarters) sigue en Londres donde nació, bajo "el general Booth", el cual se dedicó fundamentalmente a ministrar a los pobres, mientras su inteligente esposa Catherine, a quien llamaban "Mother of Salvation Army" se dedicaba a buscar la ayuda de los ricos. Interesante es saber que a partir del 2 de abril del 2011 la suprema autoridad en el mundo ya no es un varón, sino "la generala" Linda Bond. Al fin se realizó el sueño de la señora Booth.[8] Siempre recordaré a mi querido amigo el Coronel Juan Frías de México, a quien conocí desde 1976, cuando viajamos juntos a Wheaton, Illinois, bajo el patrocinio de Billy Graham. Entonces era capitán, luego lo ascendieron a Mayor y ahora Coronel. Siempre participando activamente en los desfiles cristianos del 21 de marzo con la banda del Ejército de Salvación, recordando a Don Benito Juárez, quien decretó la Ley de Tolerancia Religiosa, en 1860, permitiendo la entrada a México de las Iglesias Evangélicas.

8. **El movimiento espiritual no-wesleyano.**

   Muchos evangélicos reconocieron la obra del Espíritu Santo y el lugar importante que se le debe dar, dejando a un lado la enseñanza sobre las 2 obras de gracia y sobre la instantánea entera santificación. Se mantuvieron fuertemente creyendo en la inerrancia de la Biblia y siendo premilenaristas. Venían de iglesias congregacionales, bautistas o presbiterianas. Entre los más conocidos:

---

8 Artículo sobre El Ejército de Salvación, en Wikipedia.

CAPÍTULO 7

- **Dwight L. Moody** (febrero 5/1837- diciembre 22/1899) murió 9 días antes de que comenzara 1900, siendo el evangelista más famoso antes de que apareciera Billy Graham. Como a éste, también lo escucharon ricos, famosos y políticos. El presidente Ulises Grant junto a otros miembros de su gabinete, asistió a una de sus reuniones el 19 de enero de 1876.[9]

   Doctrinalmente hablando afirmaba y defendía su experiencia de haber sido bautizado con el Espíritu Santo 16 años después de su conversión. Compelía a todos los creyentes a buscar el bautismo. "Si no somos llenados con el Espíritu estamos despreciando nuestros privilegios", recalcaba. Viajó extensamente por Europa y los Estados Unidos, radicándose finalmente en Chicago donde una calle, un templo, una editorial y un afamado Instituto Bíblico llevan su nombre, además de muchos otros colegios y lugares en EE.UU. Es el iniciador de masivas cruzadas que en el Siglo XX muchos continuaron.

- **Reuben A. Torrey** (1856-1928) reconocido como un gran teólogo del Espíritu Santo, asociado de Moody, insistía en un balanceado entendimiento de la persona del Espíritu, que debería llevar a "caminar siempre en el Espíritu". La santificación es una progresiva experiencia, decía, que comienza en la conversión y continúa tanto como el creyente camina en el Espíritu. Fue un teólogo muy educado graduado de Yale University en 1875 y de Leipzig University en 1893, habiendo escrito más de 40 libros (que influenciaron a muchos teólogos pentecostales de la primera mitad del Siglo XX).

   Al unirse a Moody fue nombrado presidente del Moody Bible Institute y luego pastor de la Iglesia llamada "The Moody Church", Fue honrado con un doctorate degree de Wheaton College en 1907 y al trasladarse a

---

9 Artículo sobre Moody en Wikipedia.

California sirvió como Dean de Biola University (antes Bible lnstitute of LA).[10]

CONCLUSIONES

- La doctrina de estos líderes y organizaciones giraba alrededor de una vida de santidad, llenura del Espíritu y sanidad, esperando en cualquier momento el retorno de Cristo. En esta época sí hubo manifestaciones de lenguas, aunque pocas y esporádicas.

- Por sus creencias, salieron de sus Denominaciones voluntariamente o presionados.

- Sus puntos doctrinales, después de prolongado estudio y de varias revisiones, sirvieron de base a las Denominaciones Pentecostales que surgieron en los primeros años del Siglo XIX, entre otras: la Iglesia de Dios, Iglesia de Dios en Cristo, Asambleas de Dios y otras en EE.UU. Y desde luego a muchas, por reflejo, en México, Centro y Sudamérica.

- Anhelaban la evangelización de los Estados Unidos y del Mundo, como su mayor prioridad.

- Al surgir el movimiento pentecostal un buen número se incorporó a las Denominaciones nacientes, aceptando cambios doctrinales, organización y filosofía misionera.

- Una nota triste pero admonitoria, debe decirse para que traiga luz en nuestros tiempos. Aunque muchos apoyaron y se incorporaron al naciente movimiento pentecostal, muchos otros siguieron por sus propios caminos, aun oponiéndose fuertemente a los cambios. Una actitud que se repite con frecuencia ante los avivamientos notables, pues sienten que se afectan formas

---

10 Artículo sobre Torrey en Wikipedia.

de adoración, himnología, estilo de predicación, nombramiento de líderes y aun doctrina.

- Hoy en día "los movimientos pentecostales clásicos", parece ser que son los que se oponen a nuevas y variadas manifestaciones de adoración, himnología, estilo de predicación, liturgia, nombres, estilos de reuniones, de los grupos nacientes o crecientes, diríamos. "Esos hermanos son pentecostales -aducen- pero no como nosotros".

- Recuérdese el rechazo al avivamiento de Pensacola, Florida, en 1995-2000, aun por nuestros pastores e iglesias pentecostales; así como los nuevos estilos de canto, que tantos grupos que van surgiendo aceptan, y las iglesias "de años" rechazan.

- Un ciclo que se repite, pues así ocurrió con muchos de los movimientos "en avivamiento" a finales del Siglo XIX y principios del XX, cuando se produjo el derramamiento del Espíritu en Azusa y lo que vino después.

 **Contestando por deducción**

1. Escriba una breve biografía de Jonathan Edwards.
2. Algunos puntos clave predicados en los avivamientos americanos.
3. ¿Cuáles fueron las definiciones equivocadas del liberalismo europeo y americano?
4. Una breve síntesis sobre el trabajo de J. Alexander Dowie.
5. Breve síntesis de la predicación de J. Nelson Darby.
6. Breve biografía sobre Dwight L. Moody.
7. Breves datos biográficos sobre Reuben A. Torrey.

CAPÍTULO 7

Pensando Inductivamente

1. Qué piensa sobre el concepto de Simpson, fundador de la Alianza Cristiana y Misionera?

2. ¿Cómo analiza los conceptos de Adoniram J. Gordon?

3. ¿Cuál sería la nota admonitoria o de consejo que usted daría en este tiempo?

Trabajos optativos asignados por el maestro

1. Hacer un estudio de los movimientos de santidad, comparándolos con el Movimiento Wesleyano.

2. Hacer una breve investigación sobre el Modernismo y el Post-modernismo.

Capítulo 8

LOS GRANDES DERRAMAMIENTOS DEL ESPÍRITU SANTO EN EL SIGLO XX

CAPÍTULO 8

 **Bosquejo**

1. Charles f. Parham en Topeka Kansas, 1900.
2. Avivamiento de azusa: 1906-1909
3. Azusa 2006: centenario del avivamiento.
4. El impactante ministerio de william seymour
5. Efectos del avivamiento de Azusa.
6. Las grandes denominaciones que surgieron:
   - Iglesia de Dios.
   - Iglesia de Dios en Cristo (COGIC).
   - Asambleas de Dios.
   - La Iglesia Pentecostal Unida.
7. La organización de las asambleas de Dios.
   - Hot Springs 1914.
   - La Constitución y Credo con "Verdades Fundamentales".
   - Concilios, resoluciones adoptadas.
   - Las primeras publicaciones.
   - Los superintendentes de 1914 al 2011.
   - Expansión misionera.
   - El surgimiento de los Distritos Hispanos.
   - Obra hispana de asambleas de dios en los estados unidos

CHARLES F. PARHAM EN TOPEKA KANSAS, 1900.

El primero de enero de 1901 en el Instituto Bíblico Bethel, dirigido por el Rev. Charles F. Parham, -un ministro metodista, fundador del Apostolic Faith Movement-se derramó el Espíritu sobre los alumnos que habían estado estudiando el Libro de los Hechos por todo el mes de diciembre. Agnes N. (Inés) Ozman quedó registrada en la historia como la primera persona en hablar en otras lenguas, confirmando la señal inicial del bautismo con el Espíritu Santo. Seguramente hubo antes otras personas, pero no se conocen sus nombres. La Hna Ozman fue después ministro de las Asambleas de Dios.

AVIVAMIENTO DE AZUSA

Los Angeles CA. 1906 a 1909 bajo la dirección del predicador de color William J. Seymour (1870-1922), -un ministro del movimiento de santidad y discípulo de Parham en Houston- se produjo el gran derramamiento que se esparció por el mundo, pues personas de todas las latitudes vinieron a llenarse del Señor en cultos ininterrumpidos que duraban todos los días desde las 10 de la mañana hasta la medianoche.

AZUSA 2006: CENTENARIO DEL DERRAMAMIENTO

Fue una bendición muy especial para mi esposa y para mí haber estado en Los Ángeles CA, en abril 2006 junto a miles de creyentes pentecostales de los cinco continentes.

Los líderes mundiales de las grandes Denominaciones predicaron dentro de la celebración que duró tres días. Asambleas de Dios fue representada por el Rev. Thomas E. Trask, Superintendente General.

CAPÍTULO 8

Se dijo que el Movimiento pentecostal ha crecido a más de 600 millones, superado en número solamente por la Iglesia Católica.

Acompañados de los Hnos. José Cervantes de Harlingen TX; Vidal Garza, Obed Urdiales, Juan J. Rivera y José Becerra de Brownsville visitamos el sitio donde existía el Templo de la Calle Azusa. Hoy tan sólo una placa especial fijada en el piso de una plazoleta lo recuerda (que bueno que así haya sido, para que no se convierta en un sitio idolátrico). Visitamos también la casa en 214 N. Bonnie Brae, donde William J. Seymour predicó y la gente se agolpó en la calle para oír su predicación desde el porche (porch). Esa casa está restaurada y se conserva bajo la supervisión de la Iglesia COGIC (Church of God in Christ). Fue también una emoción especial retratarnos junto al Rev. Stanley M. Horton quien, a sus 95 años, en el 2011 (nació en mayo 6, 1916) continúa siendo el teólogo más notable de Las Asambleas de Dios.

EL IMPACTANTE MINISTERIO DE WILLIAM SEYMOUR

William J. Seymour (1870-1922) nació en Luisiana, hijo de esclavos; escuchó el evangelio pentecostal en Houston bajo Parham y pronto comenzó a predicar. Allí lo conoció Nely Terry quien lo invitó a trasladarse a Los Ángeles para ministrar en una Holiness Church que pastoreaba otra mujer: Se llamaba Julia Hutchinson. Esta, al oír su mensaje se escandalizó y ya no lo dejó predicar más. Pero Richard Asbery, quien trabajaba como janitor (aseador) en un Banco lo invitó a dirigir reuniones en su casa de 214 N. Bonnie Brae.[1] Allí ocurrió el derramamiento entre el 9 y el 12 de abril de 1906, con abundantes manifestaciones de lenguas, conversiones y sanidades.

La gente se agolpó en la calle para oírlo. Como eran tantos y seguían viniendo otros, tuvieron que conseguir un lugar más amplio. Precisamente encontraron el viejo templo que habría de hacerse famoso en todo el mundo, antes perteneciente a la African Methodist Episcopal Church, ubicado en 312 Azusa St. El avivamiento continuó al grado de que "The Los Angeles Daily Times", envió un re-

---

1 Consultado en www.azusastreet.org.

portero el 17 de abril de 1906. Este burlonamente llamó a Seymour *"un old exhorter"* y a las manifestaciones *"weird babel of languages"* (rara babel de lenguas).[2] Lo interesante es que la nota apareció junto a la alarmante información del terremoto en San Francisco. Como se supo después, el sismo destruyó a media ciudad pues se produjeron incendios que alcanzaron muchos céntricos edificios.

Para muchos, la destrucción de San Francisco y el poderoso avivamiento con tantas manifestaciones no eran sino señales del Día del Juicio.

En el verano de 1906, la multitud que asistía semanalmente a la "Apostolic Faith Mission" de la Calle Azusa excedía las 1200 personas, pues se celebraban 3 servicios diarios durante los 7 días de la semana. 10 AM, mediodía y 7 PM. Esto siguió ocurriendo por 3 años, de 1906 a 1909. Los sermones de Seymour se publicaban en el frente del pequeño periódico "The Apostolic Faith" alcanzando un tiraje de 50,000 ejemplares.

Frank Bartleman, otro evangelista de la iglesia, comenzó a publicar tratados con mensajes proféticos del fin del tiempo, que alcanzaron tirajes de miles de copias. En uno de ellos apareció una frase que habla bien alto de que allí no existió la discriminación racial, pues, aunque Seymour era negro y al principio la congregación era mayormente negra, pronto se fue haciendo de blancos y multirracial. *"La línea de color fue lavada por la sangre"* (The color line was washed away in the blood).[3]

En la publicación de mayo 1908 de *"The Apostolic Faith"* apareció esta nota"; Lo que nos da seguridad de que esta lluvia tardía (latter rain) que está inundando la palabra con la gloria de Dios es del Señor, es porque el enemigo no está en este negocio".

Cuando yo era Vicesuperintendente de GLAD, nos conmovió a mi esposa y a mí, en una visita que hicimos a Los Ángeles, junto a los Vice-Superintendentes de los Distritos de Asambleas de Dios (íba-

---

2   Citado en: www.azusastreet.org.
3   Historia,Misiones Y Gobierno de Las Asambleas de Dios. Global University 2007, Pág. 18.

mos sólo 2 parejas hispanas) que ellos insistieron en ir al cementerio donde fue sepultado William J. Seymour en 1922. Una sencilla placa recuerda a este hombre de Dios que desde entonces descansa en los cielos.

William J. Seymour ha sido considerado como el más influyente African-American en la historia americana y en 1999, un comité de escritores religiosos consideró "The Azusa Street Revival", como uno de los 10 más importantes eventos religiosos del Milenio.[4]

EFECTOS DEL AVIVAMIENTO DE AZUSA

Numerosas publicaciones surgieron apoyando las enseñanzas pentecostales y sirviendo de medio para difundir informaciones y sostener misioneros en otros países. Una de éstas Word and Witness (Palabra y Testimonio) editada por Eudorus N.Bell convocó a un Concilio del 2 al 12 de Abril de 1914, en Hot Springs Arkansas, expresando: "este es un llamado a todas las iglesias de Dios en Cristo, a todas las asambleas pentecostales o de la fe apostólica, que deseen promover los intereses del reino de Dios. Esto es, sin embargo, para sólo aquellos santos que creen en el bautismo en el Espíritu Santo y las señales que les siguen".[5] Lejos estaba el Hno. Bell de imaginar que él sería el primer Superintendente de la que llegaría a convertirse en la más influyente denominación pentecostal en el mundo.

LAS GRANDES DENOMINACIONES QUE SURGIERON:

Los lideres futuros de la grandes denominaciones pentecostales pasaron por azusa. Y de allí surgieron en los Estados Unidos:

- **La Iglesia de Dios**, con sede en Cleveland TN.
- **La Iglesia de Dios en Cristo (COGIC).** Formada en su mayoría por personas de color, bajo Charles H. Mason, siendo tal vez la más numerosa en EE.UU.

---

4   Citado en: www.azusas.org y www.wikipedia.com.
5   Pág. 29 de Historia Misiones y Gobierno de Las A. de Dios GPH 2007.

- **Las Asambleas de Dios.** En 2011, un poco más de 2000 misioneros la representan en 211 Naciones del Mundo, con una membresía aproximada de 64 millones.

- **La Iglesia Pentecostal Unida (unitaria).** De donde se deriva la Iglesia Apostólica de la Fe en Cristo Jesús y la Luz del Mundo.

Debe decirse ufanamente que hasta el año 2011 las iglesias pentecostales y carismáticas, no han caído en grandes desviaciones doctrinales o de conducta, como otros grupos históricos/tradicionales. Un ejemplo lamentable lo da la Iglesia Luterana (Evangelical Lutheran Church in América) que el 25 de Julio, 2010, formalmente aceptó siete (7) pastores abiertamente "gay" quienes habían sido previamente impedidos de servir en el ministerio. Con sus 4.6 millones de miembros es la Denominación más grande en EE.UU. adoptando esa desviación. La revista TIME que proporciona esta nota[6] agrega que desde entonces la iglesia Luterana ha perdido 1% de su membresía. Aproximadamente 50,000 miembros.

LA ORGANIZACIÓN DE LAS ASAMBLEAS DE DIOS

Es mi privilegio escribir una breve reseña de la que ha sido mi Denominación desde que me convertí en 1960.

Puede servir de ejemplo a otros creyentes pentecostales, quienes seguramente encontrarán muchas semejanzas con su propia filiación, tanto en doctrina, gobierno local, estructura denominacional, visión misionera y sobre todo un reflejo de lo que es la naturaleza humana redimida, con el anhelo siempre de sobreponerse a cualquier desviación personal, encontrando que en "la multitud de consejeros está la sabiduría, esencia de toda Denominación.

---

6   TIME Magazine agosto 9,2010.

CAPÍTULO 8

HOT SPRINGS 1914

En respuesta a varios llamados a través de los periódicos cristianos, 300 delegados provenientes de diversas iglesias con diferentes trasfondos religiosos, a veces de siglos, llegaron a Hot Springs muy cerca de Little Rock. Traían con ellos diversas estructuras de gobierno tanto a nivel de iglesia local, como de Denominación; así mismo variadas interpretaciones sobre el bautismo en agua, la creencia en la Trinidad, la evidencia de ser bautizados por el Espíritu Santo, la interpretación de la iglesia wesleyana sobre la santificación etc. etc. Y aunque todos los asistentes eran anglos, es interesante notar que una noche les predicó el respetado obispo afroamericano Charles H. Manson, de la Iglesia de Dios en Cristo (COGIC) que hoy es el grupo pentecostal más numeroso en EE.UU.[7]

LA CONSTITUCIÓN Y CREDO CON "VERDADES FUNDAMENTALES"

Dado que había diferencias doctrinales, por las convicciones de los primeros constituyentes, desde el primer Concilio de 1914, y luego en los posteriores de los primeros 20 años, hubo que tomar definiciones radicales en asuntos tales como los siguientes:

- La *actitud* respecto a formar una Organización
- La *comprensión* de la Deidad.
- Las *lenguas* como señal física inicial.
- *El bautismo* sólo en el nombre de Jesús (al recalcar la obra de Cristo como salvador, sanador, bautizador y Rey por venir, llevó a muchos a negar la naturaleza trina de la Deidad).
- *El Universalismo.* La creencia de que, dada la bondad y misericordia divina, toda la humanidad finalmente será perdonada.
- *El ministerio de la mujer* y de los ministros divorciados.

---

7   Historia, Misiones y Gobierno de Las Asambleas de Dios Pág. 28.

CONCILIOS, RESOLUCIONES ADOPTADAS

En 1914 se formó "El Concilio General de Las Asambleas de Dios". Varios nombres se propusieron, pero prevaleció éste, por ser un nombre familiar en la tradición de santidad que enfatizaba la unidad cristiana.[8] Se escogió el jueves como el día semanal de oración.

Se otorgó la aprobación para formación de Concilios distritales.

Se desaprobó el divorcio y el otorgar credenciales a quienes estuvieran en ese estado, a menos que hubiera sido por las razones bíblicas (fornicación o adulterio). Se mantendría la credencial mientras el ministro permaneciese soltero. Sería hasta después del 2,000 que se aprobaron credenciales a aspirantes que se divorciaron antes de su conversión.

En 1914 en Chicago, al celebrarse el 2º Concilio (única ocasión que ocurriera dos veces en el mismo año, luego siguieron anuales hasta 1921. De allí bienalmente) se reafirmó una de las razones por las cuales el Concilio se había formado: "emprender la más grande cruzada de evangelismo jamás vista, para evangelizar al mundo perdido".[9]

La 1ª Guerra Mundial había comenzado en Europa y la Organización naciente declaró su fidelidad hacia los Estados Unidos, pero adoptó una posición pacifista. Cuando vino el ataque a Pearl Harbor en 1941,

---

8   Pág. 30 de Historia Misiones y Gobierno de las A. de Dios. Global University. Springfiled MO 2007.

9   Historia, Misiones y Gobierno de Las A. de Dios. Pág. 33.

CAPÍTULO 8

Asambleas de Dios consideró que la entrada de Estados Unidos en la 2ª. Guerra era justa y apoyó ese esfuerzo bélico.[10]

En 1916 al definirse la postura de ser trinitarios y de seguir la fórmula para el bautismo en el nombre del Padre, del Hijo y del Espíritu Santo, un fuerte grupo se retiró de las Asambleas de Dios. Siguieron pentecostales a su manera, pero escogieron seguir la enseñanza del "nombre de Jesús" o "Sólo Jesús?"[11]

En 1918 en el Concilio celebrado en Springfield MO, sede definitiva, se reafirmó la doctrina de hablar en lenguas, ¿cómo la evidencia inicial de hablar en lenguas y como "nuestro testimonio distintivo?"[12]

En 1927 se rechazó el Universalismo, es decir la creencia de que toda la humanidad finalmente sería salva, dada la bondad divina.

En 1935 se les concedió a las mujeres el derecho de ser ordenadas como pastoras. Antes fueron ordenadas solamente como evangelistas o misioneras.13Para entonces Aime S. Mcpherson, quien predicó en el Concilio de 1920 como un ministro de Asambleas de Dios, ya había formado una nueva Denominación: la Iglesia Cuadrangular desde Los Ángeles CA.

---

10   Ibid Página 33.
11   Ibid Página 32.
12   Ibid Página 32.
13   Historio, Misiones y Gob. Pág. 30.

En 1937 se reafirmó la postura de que la iglesia no pasará por la gran tribulación.[14] Rechazando el punto de vista post-tribulacionista, que algunos mantenían.

LAS PRIMERAS PUBLICACIONES

"Word and Witness" del Hno. Eudoros Bell y el *"Christian Evangel"* se aprobaron como voces oficiales, transformándose luego en el Pentecostal Evangel (El Evangelio Pentecostal Hoy) bajo el Hno. J. Roswell Flower, un emigrante canadiense, y su esposa Al ice Reynolds Flower (ella escribió 16 libros y cien poemarios). El Hno. Roswell llegó luego a ser Secretario General. Su hijo Joseph nació en 1913, un año antes de que se formasen Las Asambleas de Dios y murió en marzo del 2010. Igual que su padre llegó a ser Secretario General del Concilio, de 1975 a 1993. En el homenaje que se le hizo se resaltó el hecho que los dos Flower sumaron 44 años en el puesto. Una posición sumamente importante.

LOS SUPERINTENDENTES DE 1914 AL 2011,

Han hecho su parte, cada uno en su tiempo, para lograr la formación estructural de la Denominación, preocupados siempre de que no dejara de ser "Movimiento" como fue la idea de los "padres fundadores".

He aquí algunos conceptos pertinentes

Hno. Thomas Zimmerman (1912-1991)

Fue superintendente 1959-1985. En el Congreso sobre Evangelismo (1968) recalcó la tarea de la iglesia: ministrar al Señor, a los creyentes y al mundo. "Nunca tengamos la idea de que el Señor nos trajo a nuestro estado actual para terminar el proceso. Su mandato es: [avanza!". Bajo de él en 1965 el

---

14 The Assemblies of God: a chapter in the story of American Pentecostalism Edith Blumhofer Pág. 268.

CAPÍTULO 8

Hno. Thomas Trask (1993-2007)

Concilio General condenó oficialmente la discriminación racial.[15]

En 1993 expresó, ante los líderes y pastores de la 3ª Generación de creyentes en Assemblies of God, al reconocer que sólo la mitad de los creyentes en EE.UU.somos bautizados con el Espíritu Santo: "Puede ser que seamos pentecostales en doctrina, pero no somos pentecostales en la experiencia. A. of G. fue creada para ser una voz del pentecostalismo. Yo tengo un gran respeto y amor por las iglesias evangélicas, pero somos más que evangélicos, ¡somos pentecostales!"

Tuve el placer de conocer personalmente al Hno. Zimmerman, cuando recibí en 1981 en ocasión del 39th Concilio celebrado en San Luis Mo, un diploma a nombre de Las Asambleas de Dios en México, reconociéndome públicamente como su Superintendente Nacional.

Luego lo atendí directamente cuando lo llevamos a México D.F y lo llevé a cenar a un distinguido restaurante por la Av. Insurgentes en el sur de la ciudad. Todos nos asombramos cuando "el viejito americano" a las 11 de la noche se paraba a escoger los filetes que le gustaban. Años después me saludó amablemente en Springfield, recordando su viaje a México. Se dice que rara vez olvidaba un nombre.[16] Es cierto.

El siguiente Superintendente Rev. G. Raymond Carlson, me firmó mi certificado de ordenación en los Estados Unidos, juntamente con el Rev. Joseph R. Flower como secretario.

Viví el privilegio de trabajar muy cercanamente con el Rev. Thomas Trask, cuando fui Superintendente del Distrito del Golfo del 2002 al 2006, así como con el Rev. George O. Wood, (abogado, hijo de misioneros a China) actual Superintendente, quien era el Secretario General y de quién recibí también asesoría.

---

15   Historia, Misiones y Gob. de Las A. de Dios Pág. 80.
16   Historia, Misiones y Gob. De Las A.de Dios Pág. 60.

EXPANSIÓN MISIONERA

Ha sido uno de los premios principales a la visión de 1914. En el 2009 a pesar de la crisis económica nacional y mundial, los ingresos de *Speed the Light* crecieron (fondos reunidos por los jóvenes para autos y medios de comunicación de los misioneros). Ese programa sigue fuerte año tras año.

No debo omitir en esta breve crónica al gran Myer Pearlman (1898- 1943) autor del afamado texto que ha enriquecido la vida de miles por todo el Continente: *"Teología Bíblica y Sistemática"* escrito en 1937. Judío convertido en S. Francisco CA, mientras oraba en el nombre de Abraham, Isaac y Jacob. Leía la Biblia en 5 idiomas. Al graduar de Central Bible College de Springfield MO, se quedó como maestro por 20 años. Durante la 2ª Guerra, editó Reveille (Toque de Queda).

EL SURGIMIENTO DE LOS DISTRITOS HISPANOS

Bajo el ministerio del Hno. Henry Cleophas Ball (1896- 1989) se realizó la primera convención Hispana en Kingsville TX en 1918. Él se había convertido en 1910 en un pequeño pueblecito al sur de Kingsville, llamado Ricardo TX. en donde se quedó junto con su madre provenientes de Iowa, cuando se "les acabó el camino que conducía a México". Allí a la edad de 18 años comenzó una iglesia entre los hispanos, pronunciando una sola frase en español cuando anduvo invitando a los vecinos casa por casa: "Domingo… tarde… Escuela… campana" (había conseguido una campana, que iba a sonar desde la escuela, anunciando el culto). Llegaron dos personas: Juanita Bazán y el Señor Villarreal; Juanita se convirtió.[17] Si lo manejamos por porcentaje el Hno. Ball tuvo un éxito que todo evangelista desearía: el 50% de su audiencia se convirtió.

Al recibir el bautismo con el Espíritu Santo, H.C. Ball se une a las Asambleas de Dios en 1915, iniciando setenta y cuatro años de fruc-

---

[17] Assemblies of God HERITAGE Magazine Vol 31 2011 Hispanic Pentecostalism Pág. 7.

CAPÍTULO 8

tífero ministerio. En 1916 publica la primera edición del Himnario de Gloria, cuyos cantos se han entonado millones de veces por todo Latino América y los EE.UU.[18](valga aquí un recordatorio a pastores y líderes de alabanza para buscar un balance en la adoración actual. Coritos o estribillos, sí, más los himnos escritos, que tienen mucho sustento bíblico).

Al ser nombrado en 1918 Superintendente de la Obra Hispana, convoca en Kingsville TX a la primera convención. Es maravilloso saber que allí comisionó a personas que llegaron a ser notables en el mundo pentecostal, para que extendieran el Reino en sus respectivas áreas: Al Hno. Rodolfo C. Orozco para que se fuera a Nuevo León, (llegó a ser Superintendente General de Asambleas de Dios 1930-1940 y su hijo el Rev. Juan C. Orozco, también Superintendente de México, 1944-1960).

A Miguel Guillén lo comisionó para que fuera al Río Grande Valley de Texas y al Hno. Loreto Garza a evangelizar Tamaulipas. Permítaseme una nota muy personal: el "Tío Leto", como todos le decían, es mi abuelo espiritual, pues con él se convirtieron mis padres en el evangelio: Abdón García y Tonila G. de García, de Burgos, Tamaulipas, la tierra del Tío Leto. Éste se había convertido con un hermano que creyó en el avivamiento de Azusa, 1906. Así es que sin quererlo soy biznieto del Hno. William Seymour. (bueno, tataranieto). Preciosas cadenas espirituales que hace el Señor, ¿No le parece?

MÉXICO reconoce al Rev. H.C. Ball como su primer Superintendente hasta 1929. De 1930-1940 funge el Hno. Rodolfo C. Orozco como tal.

Siguieron Rubén J. Arévalo, Juan C. Orozco, Guillermo Fuentes Ortiz, Teófilo Aguillón Torres, Alfonso De los Reyes V., Enrique González V., Daniel De los Reyes V. y el 22 de febrero de 2011, tuve el privilegio de poner mis manos en la ciudad de México en el servicio de instalación, sobre el 10º Superintendente, el Pbro. Abel Flores A., la obra en México estaba cumpliendo 90 años. En el 2018, se nombró de nuevo al destacado líder, Pbro. Enrique González V. como

---
18 Ibid Pág. 9.

Superintendente General. Debo agregar que tuve el privilegio de ser participante activo en el cincuentenario que se celebró en 1971. Para el 2021, se ha de celebrar el centenario de la obra mexicana.

OBRA HISPANA DE ASAMBLEAS DE DIOS EN LOS ESTADOS UNIDOS

- **En 1929/30,** nacimiento del Concilio de Distrito Latino Americano (Latin American District Council of the Assemblies of God in the EE.UU.)[19]

- **En 1949,** se reorganiza el Distrito en 5 Conferencias.

- **En 1956,** la Conferencia del Este se convierte en Eastern Hispanic District, con cabecera en New York. Demetrio Bazán y José Girón fungieron de 1939-1971 como superintendentes del Distrito Latinoamericano con Oficinas en Alburquerque NM.

- **En 1971,** las existentes 4 conferencias se convierten en 4 Distritos. Texas se transformó junto a Oklahoma, Arkansas y Luisiana en el Gulf Latin American District (GLAD). Superintendentes: Josué Sánchez, Manuel Vallejo, Teófilo J. Aguillón y Gary Jones. Con los años se formaron los Distritos Southeastern Spanish, Northern Pacific Latin American, Southern Pacific y Southwest.

- **En el 2011,** (agosto 2), el 54º Concilio General de Las Asambleas de Dios celebrado en Phoenix, Arizona, aprobó que GLAD se reestructurara en 4 Distritos comprendiendo áreas geográficas de menor extensión.

---

19   Ibid HERITAGE1 Hispanic Pentecostalism Pág. 7.

Quedaron de Superintendentes: por el Norte, el Hno. José Marines; por el Este Eleazar Rodríguez Jr.; por el Oeste Ezequiel Pesina; y por el Sur, Dino Espinoza. Su servidor quedó como un Presbítero Ejecutivo en el Gulf Texas Hispanic District, que comprende el Sur de Texas. Toda la frontera, de Brownsville a del Río, incluyendo Corpus Christi.

En Agosto 1-3, 2018 en Houston TX: Hispanic Centennial Celebration. Con la presencia de ministros y creyentes de los ya, 14 Distritos Hispanos, se celebró esta magna reunión. Efusivos mensajes y eventos recordando al Hno. H.C. Ball y los pioneros que establecieron la Obra Hispana por los EE.UU y en el exterior. Fue muy emotivo el momento cuando los 14 Superintendentes pasaban al frente, en la plataforma levantada en el George R. Brown Convention Center de Houston y sonaban una campana empotrada en una base de madera, recordando al Hno y desafiando cada uno al ministerio de su Distrito para que cumplieran con ahínco y mayores recursos, el encargo de Jesús de ir por el mundo predicando el glorioso evangelio. El Superintendente General Rev. Douglas Clay estuvo presente en todo el convivio.

En el presente han surgido grandes iglesias carismáticas / pentecostales, trabajando en forma independiente o iniciando nuevas denominaciones, herederas de los heroicos pentecostales "clásicos" de varias generaciones (aunque falta la gratitud y el reconocimiento). Muchas de esas congregaciones formando "redes" de iglesias cooperativas, sin un gobierno formal y responsabilidades financieras, dependiendo de un líder carismático, acordes al "espíritu de este tiempo".

 **Contestando por deducción**

1. Nombre de la primera persona bautizada con el Espíritu Santo al comenzar el Siglo XX.
2. Haga una breve síntesis del avivamiento de Azusa.
3. Una biografía de William J. Seymour
4. ¿Qué pasó en Hot Springs AR en 1914?
5. ¿Quién fue Henry C. Ball?

CAPÍTULO 8

 **Pensando Inductivamente**

1. ¿Cuál sería su opinión sobre Azusa 1906, comparándola con Azusa 2006?

2. ¿Qué piensa sobre las opiniones de los Superintendentes T. Zimmerman y Thomas Trask?

 **Trabajos optativos asignados por el maestro**

1. Hacer una breve síntesis sobre los acuerdos tomados en los Concilios de Asambleas de Dios: 1914-1937.

2. Una breve síntesis sobre la Obra Hispana dentro de Las Asambleas de Dios.

3. Escribir una reflexión sobre el estado que guarda la iglesia pentecostal actual.

Capítulo 9

BREVE SÍNTESIS DEL DESARROLLO TEOLÓGICO A PARTIR DE 1919

CAPÍTULO 9

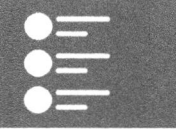 **Bosquejo**

1. La Neo-ortodoxia.
2. El fundamentalismo protestante.
3. El fundamentalismo evangélico.
4. El Ecumenismo.
   - Concilio Mundial de Iglesias (CMI).
   - Concilio Latinoamericano de Iglesias (CLAI)
5. Teología Católica de la Liberación.
6. Pacto de Lausana, 1974.
7. Declaración de Chicago, 1978.
8. Una reflexión judía en el 2010.
9. Modernismo y Postmodernismo.

BREVE SÍNTESIS DEL DESARROLLO TEOLÓGICO A PARTIR DE 1919.

NEO-ORTODOXIA

Nombre que se aplica a un movimiento teológico del siglo XX. Se llama ortodoxia porque recalca algunos temas de la teología reformada, y neo(nueva) pues toma en serio los desarrollos culturales y teológicos contemporáneos. Sus teólogos Karl Barth, Emil Brunner, R. Bultmann y Friedrich Gogarten, debe decirse, no formaron un movimiento organizado y su doctrina difiere mucho entre ellos.

La neo-ortodoxia surgió como una reacción en contra del protestantismo liberal, oponiéndose en especial a su racionalismo, su énfasis en la inmanencia de Dios, su optimismo superficial sobre la bondad del hombre y su concepto sobre el mejoramiento progresivo de la humanidad.

Barth y Brunner promulgaron ciertas doctrinas: volver a la Biblia y a los reformadores para forjar la teología, la trascendencia absoluta de Dios, su gracia, la centralidad de la revelación en Jesucristo, la pecaminosidad del hombre y la necesidad de un encuentro personal con Dios.

Otros como Tillich y Bultmann fueron influenciados por la filosofía contemporánea y discreparon doctrinalmente con ellos. Triste que Barth aceptó las conclusiones de los críticos modernos que decían que la Biblia es un documento humano, falible y errable. Además, queriendo reafirmar la ortodoxia perdida o de reinterpretarla forjaron "una nueva teología" ¿Por qué considerar el año de 1919, como principio de esta época? Baste por ahora mencionar, que fue en el año que Karl Barth escribió su comentario a la Epístola a los Romanos.

CAPÍTULO 9

Una respuesta más amplia y toda la información relacionada, aparecen en mi libro: Teología Contemporánea en el Siglo XX1.[1]

FUNDAMENTALISMO PROTESTANTE

Movimiento conservador que surgió en EE.UU. en la 2ª y 3ª. década del Siglo XX. Líderes protestantes contraatacaron a los liberales. Reafirmaron las doctrinas ortodoxas y las defendieron contra el liberalismo, el alta crítica, el darwinismo y ciertos aspectos enseñados en el siglo XIX y luego en el XX. En 1910 la Asamblea General Presbiteriana del Norte afirmó 5 doctrinas esenciales: la inerrancia de las Sagradas Escrituras, el nacimiento virginal de Cristo, su expiación sustitutiva, su resurrección corporal y la historicidad de los milagros.

Luego, el movimiento fundamentalista, acción que debe aplaudirse, recalcó la inspiración verbal de la Biblia y la interpretación literal de la creación también.

Aceptaron las profecías bíblicas y la venida premilenial de Cristo. Recalcaron el dispensacionalismo basado en los comentarios del Dr. Scofield. Lucharon contra el modernismo, la evolución, el comunismo, las sectas falsas, la iglesia católica y el ecumenismo.

Lo lamentable fue que, en su extremismo, se desesperaron con los cristianos "profesantes" que no cambiaban en sus conceptos o que se iban mundanalizando y se salieron de muchas iglesias, provocando divisiones y mucha amargura bajo un buen lema, pero intolerante: " salid de en medio de ellas y apartaos, dice el Señor". Sus críticos los tildaron de ser de mentalidad estrecha, belicosos y separatistas. Por eso muchos no se identifican con el fundamentalismo como concepto general.

EL FUNDAMENTALISMO EVANGELICO

Por su parte el fundamentalismo evangélico en EE.UU. reaccionando en contra del catolicismo y especialmente del liberalismo pro-

---

[1] Teología Contemporánea en el Siglo XXI Por T. Aguillón Págs.6-11.

testante, rechazó la "alta crítica" de la Biblia. Y reafirmó su creencia, entre otros puntos básicos, en:

- La inspiración plenaria y verbal de la Biblia.
- La inerrancia de los manuscritos originales de los libros bíblicos.
- La suprema autoridad de la Biblia para la doctrina y la vida cristianas.
- Dios creó los cielos y la tierra: **"sí creemos eso, creeremos casi todo lo demás que diga la Biblia"** dijo un pensador importante.

El senador McCain (Newsweek oct. 6/08, Pág. 36) en su libro, "Character Is Destiny" escribió sobre la teoría de la evolución: "el único innegable reto de ésta, a las creencias cristianas, es la obvia contradicción de la idea que Dios creó el mundo como es, en menos de una semana. Pero nuestra fe no es ciertamente tan débil que pueda ser sacudida al saber que una metáfora bíblica no es historia literal. La naturaleza no amenaza nuestra fe". Desde luego es una interpretación entre muchas, pero habla bien del Senador y casi presidente de los EE.UU.

Este fundamentalismo, bien entendido es aceptado en general, como un término que define a los cristianos conservadores, evangélicos, nacidos de nuevo, militantes. Los pentecostales encuadramos allí por nuestros puntos doctrinales que invitan a una vida consagrada al Señor, no practicante de los vicios y tendencias del mundo. Oramos porque los pentecostales/carismáticos nos mantengamos siempre fundamentales y conservadores.

EL ECUMENISMO

La palabra proviene del griego: *"he oikoumene"*= la tierra habitada. Ecumenismo es el movimiento moderno que trata de unir a las denominaciones cristianas, para que sean una sola voz y juntos combatan los grandes males como la guerra, la depresión económica, el racismo y la injusticia social.

CAPÍTULO 9

En 1948 surgió el Concilio Mundial de Iglesias (CMI), como respuesta organizada a ese sueño de unidad, que ha sido el anhelo de los cristianos desde el principio de la Fe. Sin embargo, por fuertes razones las denominaciones cristianas conservadoras, ponen en tela de juicio la base de esa unidad.

Señalan que Cristo oró por la unidad espiritual, más que por la unidad organizacional (Jn 17:20). En América Latina su brazo es el CLAI (Concilio Latinoamericano de Iglesias) que está vivo todavía, realizando reuniones con grupos que apoyan sus posiciones extremas.

Aunque el credo de dicha organización es aparentemente ortodoxo. El CMI alberga una diversidad de iglesias que tiene grandes divergencias doctrinales: Hay unitarios y trinitarios; liberales y conservadores; neo-ortodoxos, anglicanos y ortodoxos del Medio Oriente. ¿Cómo pueden los hijos de Dios tener comunión con quienes niegan la divinidad de Cristo, el nuevo nacimiento del creyente y la inspiración de las Sagradas Escrituras? (2 Tim. 3:5; 13-17).

Debe insistirse que desde el principio los liberales ocuparon un lugar prominente en el Concilio. Su lema predominante ha sido: *"la doctrina separa, pero el servicio une"*.

Tristemente en su deseo de alcanzar sus metas no vacilan en usar medios violentos. Por ejemplo: el fondo que se creó para combatir al racismo, se ha usado para ayudar a movimientos subversivos en África y en América Latina; es decir ayudar con armas y recursos a los movimientos de liberación. Uno de sus fundadores declaro en los 60´s *"Mahatma Gandhi era nuestro modelo de ayer, ahora es el Che Guevara"*.

TEOLOGÍA CATÓLICA DE LA LIBERACIÓN

El catolicismo romano esgrimió su particular respuesta. El Concilio Vaticano (1962-1965), había concluido bajo el nuevo Papa Pablo VI. Ya mencionamos en el Cap.6 que lo inició el llamado "Papa bueno", Juan XXIII, realizando importantes cambios en las más visibles manifestaciones de la iglesia católica, pero no tanto en su estructura. Por lo menos no como lo querían los cardenales y obispos más liberales; es decir, el Papa conservó y conserva la autoridad total a través de sus Secretarías o Ministerio de Gobierno residentes en el Vaticano y de sus Nuncios Papales; que son embajadores que lo representan en cada país y lo mantienen informado de todo lo que ocurre a nivel religioso.

Pero también a nivel político y económico. Un día, posiblemente, aparezcan en Wikilist los reportes de los Nuncios, como aparecieron recientemente los mensajes de los embajadores americanos enviados al Departamento de Estado, poniendo en aprieto a Washington. La iglesia católica trata de detener los avances del cristianismo evangélico, teniendo el respaldo de muchos gobiernos.

Tal vez, si Juan XXIII hubiera vivido hasta el final del Concilio habrían conseguido los cardenales y obispos un poco más de poder, pero surgió Pablo VI con su personalidad adusta e impenetrable, que hizo imposibles los cambios estructurales que los liberales anhelaban. La Iglesia Católica, como se dice en el mundo de la política, siguió "haciendo negocios como es usual" y el Papa conservó el poder que ha tenido por 1500 años.

Esto produjo revueltas o desviaciones. En América Latina, la Iglesia Católica fundamentalmente a través de un fuerte grupo de teólogos liberacionistas, muchas veces en asociación con teólogos protestantes liberacionistas, comenzó a propagar la creencia de que Dios habla a través de los pobres y que la Biblia sólo puede ser entendida cuando se ve desde la perspectiva de los pobres.

Se formalizó la corriente en la 2ª conferencia de Obispos celebrada en Medellín, Colombia en 1968, donde los reunidos afirmaron los derechos de los pobres.

Y culparon a las naciones ricas e industrializadas por su enriquecimiento a expensas de "los países del Tercer Mundo". Este término logró acuñarse y todavía se usa para designar a un centenar de naciones de América Latina, África y Asia. Un buen grupo de teólogos católicos y protestantes fueron señalados desde adentro por el

CAPÍTULO 9

ala conservadora y desde afuera por críticos, como patrocinadores de inocentes jóvenes marxistas y miembros de grupos de activismo social y partidos de izquierda.

Entre los más conocidos líderes se puede mencionar a Gustavo Gutiérrez, sacerdote peruano que escribió su clásica:" Teología de la Liberación", en 1971 y a Oscar Arnulfo Romero, arzobispo de El Salvador.

Jamás voy a olvidar la visita que hice acompañando a Pablo Hoff, el prolijo escritor chileno, a lo que quedaba del afamado Seminario Centro Americano en San José, Costa Rica, en 1980. Las paredes del edificio estaban adornadas con carteles y pancartas invitando a los estudiantes a viajar a El Salvador y apoyar en su lucha al arzobispo Romero que poco después fue asesinado. Hasta ese reducto de teología avanzada y pensante, había penetrado la Teología de la Liberación.

Se puede mencionar también al teólogo brasileño Leonardo Boff, al escolar jesuita Jon Sobrino y al famoso arzobispo de Brasil: Helder Cámara. México hizo su aportación con el inefable obispo Samuel Ruiz de San Cristóbal de las Casas, Chiapas a quien conocí en el aeropuerto de la ciudad de México, vestido de blanco y rodeado de guarda espaldas, vestidos de blanco también.

Falleció el 26 de enero del 2011 a los 84 años en medio del reconocimiento de autoridades nacionales, civiles y eclesiásticas. Fue enterrado con honores en una cripta de la catedral de San Cristóbal en Chiapas, rodeado de los todavía pobres indígenas y masas populares por quienes luchó.

Luego vino Juan Pablo II y su largo papado tratando de curvar el movimiento liberacionista, nombrando obispos conservadores por toda América Latina y de paso detener "el alarmante crecimiento protestante". De allí sus 5 visitas a México y otros países de América Latina. Casi logró que nos volvieran a decir herejes y protestantes, a quienes ya el Papa bueno, nos había llamado sólo *"hermanos separados"*. Por lo menos en cuanto a la Teología de la Liberación, logró que ya no se mencionara mucho.

BREVE SÍNTESIS DEL DESARROLLO TEOLÓGICO
A PARTIR DE 1919.

 *Papa Francisco:* un jesuita, orgullo para los hispanos católicos, tanto en América Latina como en los Estados Unidos. Ha seguido la tradición de visitar los países, especialmente en donde los evangélicos han crecido. No ha sido muy prolijo en Encíclicas, como algunos de sus predecesores y su mayor lucha ha sido la de encontrar formas de enjuiciar a los sacerdotes pederastas, de todos los niveles. La ley civil ya no los perdona.

PACTO DE LAUSANA 1974

Líderes de 150 naciones reunidos en la ciudad de Lausana, Suiza, muy cerca de Ginebra la ciudad que "gobernó" Calvino, bajo convocatoria y patrocinio de la Asociación de Billy Graham, ratificaron su creencia en *"... la divina inspiración, veracidad y autoridad de las Escrituras del Antiguo y Nuevo Testamento. En su totalidad, como la única palabra escrita de Dios, sin error en todo lo que afirmó, y la única regla infalible de fe y conducta. Afirmaron también el poder de la Palabra de Dios paro cumplir el propósito de salvación".*

Representando a las Asambleas de Dios de México asistieron los Reverendos Guillermo Fuentes (Superintendente General 1960-1980) y Abraham Hernández, líder reconocido, junto a una decena de otros líderes mexicanos de varias Denominaciones. Esta reunión internacional masiva fue la primera de muchas otras en las que Billy Graham puso su mano. Yo tuve el privilegio de viajar a Ámsterdam, Holanda, en 1983, al Congreso Mundial de Evangelismo en representación de CONEMEX (en donde era presidente) y las Asambleas de Dios (en donde era Superintendente) viajamos juntos el Hno. Fuentes, Isaí Montoya y Macario De la Cruz. De allí hicimos viaje a París y Londres. En esta ciudad visitamos el famoso Museo Británico con sus millones de muestras culturales y arqueológicas de todo el mundo. Así mismo la Abadía de Westminster, donde está enterrado el cuerpo sin corazón de David Livingstone. En el mes de abril, 2011 volvió a ser noticia la Abadía, pues el príncipe William, heredero po-

CAPÍTULO 9

sible de la Reina Isabel se casó allí, continuando la tradición de varios siglos. Dios bendiga a Inglaterra y vuelva ser la nación cristiana que fue.

Asambleas de Dios en el 2011 está enviando por primera vez misioneros a Escocia, una parte importante del País.

DECLARACIÓN DE CHICAGO 1978 SOBRE LA INERRANCIA BÍBLICA (LA BIBLIA SIN ERRORES)

La Declaración de Chicago (1978) sobre la inerrancia bíblica representa un esfuerzo reciente de teólogos fundamentalistas y conservadores, provenientes de variados trasfondos académicos y denominacionales. Consta de tres partes: un resumen, 19 artículos divididos en 2 partes (afirmación y negación) y de una exposición que acompaña a estos. A continuación, una síntesis de algunos de los puntos de esa declaración citada por Wayne Grudem en su Doctrina Bíblica, Págs. 474-478 con el deseo de que ayuden a corregir ciertas desviaciones que han aparecido en nuestro tiempo. Tales como:

1. *La posición de los neo-ortodoxos Karl Barth y Emil Brunner y otros,* diciendo que la Biblia es la Palabra de Dios en la medida que Dios habla a través de ella en la experiencia religiosa". Agregando aún que los escritores eran falibles.[2]

2. *La posición de algunos predicadores y maestros* actuales que le quitan autoridad al Antiguo Testamento, diciendo que sólo es válido para nosotros lo que se repita en el Nuevo Testamento.

3. *Las declaraciones de algunos diciendo que sí aceptan la infalibilidad de la Biblia* (inerrancia) solamente como se encuentra en los escritos originales o autógrafos, dado que no están seguros de que se conserve en las versiones de hoy.

---

2   Ver un análisis más amplio en mi Teología Contemporánea en el Siglo XXI. Págs. 8, 9.

Ante todo, eso y más, los firmantes de la Declaración de Chicago afirmaron:

- **Prefacio (un fragmento).** La autoridad de la Escritura es un elemento central para la Iglesia Cristiana tanto en esta época como en toda otra … reconocemos que es nuestra responsabilidad hacer esta Declaración al encontrarnos con la presente negación de la inerrancia que existe entre cristianos, y los malentendidos que hay acerca de esta doctrina en el mundo en general.

- **En el Artículo 11** declara. "Afirmamos que las Escrituras son la suprema norma escrita por la cual Dios enlaza la conciencia, y que la autoridad de la iglesia está bajo la autoridad de las Escrituras".

- **Puntos 4 y 5** de la Declaración breve:

    4. *Siendo completa y verbalmente dadas por Dios,* las Escrituras son sin error o falta en todas sus enseñanzas, tanto en lo que declaran acerca de los actos de creación de Dios, acerca de los eventos de la historia del mundo, acerca de su propio origen literario bajo la dirección de Dios, como en su testimonio de la gracia redentora de Dios en la vida de cada persona.

    5. *La autoridad de la Escritura es inevitablemente afectada* si esta inerrancia divina es algún modo limitada o ignorada, o es sometida a cierta opinión de la verdad que es contraria a la de la Biblia.

[Artículos de afirmación y de negación]

Artículo I:

Afirmamos:

Que las Santas Escrituras deben ser recibidas como la absoluta Palabra de Dios.

Negamos:

Que las Escrituras reciban su autoridad de la Iglesia, de la tradición o de cualquier otra fuente humana.

Artículo VI:

Afirmamos:

Que las Sagradas Escrituras en su totalidad y en cada una de sus partes, aun las palabras escritas originalmente, fueron divinamente inspiradas.

Negamos:

Que la inspiración de las Sagradas Escrituras pueda ser considerada como correcta solamente en su totalidad al margen de sus partes, o correcta en algunas de sus partes, pero no en su totalidad.

Artículo VIII:

Afirmamos:

Que Dios, en su obra de inspiración, usó la personalidad característica y el estilo literario de cada uno de los escritores que Él había elegido y preparado.

Negamos:

Que Dios haya anulado las personalidades de los escritores cuando hizo que ellos usaran las palabras exactas que Él había elegido.

Artículo X:

Afirmamos:

Que la inspiración de Dios, en sentido estricto, se aplica solamente al texto autográfico de las Escrituras, el cual, gracias a la providencia de Dios, puede ser comprobado con gran exactitud por los manuscritos que están a la disposición de todos los interesados. Afirmamos además que las copias y traducciones de las Escrituras son la Palabra de Dios hasta el punto de querepresenten fielmente los manuscritos originales.

Negamos:

Que algún elemento esencial de la fe cristiana esté afectado por la ausencia de los textos autográficos. Negamos además que la ausencia de dichos textos resulte en que la reafirmación de la inerrancia bíblica sea considerada como inválida o irrelevante.

Artículo XIII:

Afirmamos:

Que el uso de la palabra inerrancia es correcto como término teológico para referirnos a la completa veracidad de la Biblia.

Negamos:

Que sea correcto evaluar las Escrituras de acuerdo con las normas de verdad y error que sean ajenas a su uso o propósito. Negamos además que la inerrancia sea invalidada por fenómenos bíblicos como la falta de precisión técnica moderna, las irregularidades gramaticales u ortográficas, las descripciones observables de la naturaleza, el reportaje de falsedades, el uso de hipérboles y

CAPÍTULO 9

y de números completos, el arreglo temático del material, la selección de material diferente en versiones paralelas, o el uso de citas libres.

Artículo XVIII:

Afirmamos:

Que el texto de las Escrituras debe interpretarse por la exégesis gramática histórica, teniendo en cuenta sus formas y recursos literarios, y que las Escrituras deben ser usadas para interpretar cualquier parte de sí misma.

Negamos:

La legitimidad de cualquier manera de cambio de textos de las Escrituras, o de la búsqueda de fuentes que puedan llevar a que sus enseñanzas se consideren relativas y no históricas, descartándolas o rechazando su declaración de autoría.

Artículo XIX:

Afirmamos:

Que una confesión de la completa autoridad, infalibilidad e inerrancia de las Escrituras es fundamental para tener una comprensión sólida de la totalidad de la fe cristiana. Afirmamos además que dicha confesión tendría que llevarnos a una mayor conformidad a la imagen del Señor Jesucristo..

Negamos:

Que dicha confesión sea necesaria para ser salvos

Además, que esta inerrancia pueda ser rechazada sin que tenga graves consecuencias para el individuo y para la iglesia.

Los teólogos luteranos y reformados, habían dicho en el Siglo XVII que las Escrituras no necesitan ser validadas por la Iglesia (como Roma exigía) y que el texto de las Escrituras, incluyendo la puntuación masorética, es auténtica en todo. Por eso los evangélicos conservadores afirman cada vez que es necesario decirlo en algún foro, que las Escrituras son la única "fuente" de "teología sobrenatural" y son la única norma de la doctrina cristiana. Como dijo alguien: "la ortodoxia protestante contratacó la noción católica de una infalible iglesia con la de una infalible Biblia".[3]

UNA REFLEXION JUDIA EN EL SIGLO XXI

Neewsweek en su edición de agosto 2, 2010, incluyó una carta de un lector judío titulada": Lo que cuesta ser Judío". Afirmando que retener la membresía en las sinagogas es un asunto competitivo (competitive marketing problem). Agrega que infortunadamente la gran mayoría de los judíos en USA no son ortodoxos (es decir, no cumplen con la Ley judía y sus tradiciones) y que desde luego pudieran afrontar los costos que representa mantener esa membresía. Simplemente no les interesa.

Los que quieren ser fieles, sin embargo, pensando en lo importante que es mantener las tradiciones de sus antepasados y transmitir esos compromisos de fe a sus hijos, están dispuestos a hacer los gastos que sean necesarios. No es barato, dicen ellos inscribir a sus hijos en escuelas privadas, tener que consumir comida kosher que es más cara, comprar casa cerca de las sinagogas, que puede ser de mayor precio etc. Los fieles judíos ratifican: "ninguno estaría dispuesto a cambiar esas fuertes convicciones por una vida financiera fácil. Los beneficios que nosotros cosechamos son incalculables, hacen que sea valioso cada penny que gastamos".

---

3   Wikipedia: Artículo sobre 11The Protestant Heritaqe".

CAPÍTULO 9

MODERNISMO Y POSTMODERNISMO

En fechas posteriores a lo estudiado en los capítulos anteriores, y en muchos casos paralelamente, aparecerían el Modernismo y el Postmodernismo, cuyas manifestaciones siguen hasta la época en que vivimos.

En mi *"Teología Contemporánea en el Siglo XXI"* les dedicamos tiempo y espacio. Será mi placer y honra que consulte ese texto.

¡Bendiciones!

Rev. Teófilo J. Aguillón

BREVE SÍNTESIS DEL DESARROLLO TEOLÓGICO
A PARTIR DE 1919.

Contestando por deducción

1. ¿A qué se le llama Neo-Ortodoxia?
2. ¿Qué se debe agradecer al Fundamentalismo Protestante?
3. ¿Qué se debe evitar de la actitud del Fundamentalismo Protestante?
4. Una breve síntesis sobre la Teología Católica de la Liberación.

CAPÍTULO 9

 **Pensando Inductivamente**

1. ¿Cuál es su opinión sobre los ortodoxos y sus "correcciones teológicas"?
2. ¿Cuál es su concepto sobre el Fundamentalismo Evangélico?
3. Haga un análisis de los principales puntos que afectan nuestra Fe y Conducta, basado en la Declaración de Chicago 1978.
4. ¿A qué nos guía como evangélicos la reflexión judía citada?

Trabajos optativos asignados por el maestro

1. Hacer un breve estudio sobre el Ecumenismo.
2. Realizar una investigación sobre el Pacto de Lausana y sus efectos en el mundo evangélico moderno.
3. Escribir una reflexión sobre el estado que guarda la Iglesia evangélica en general.

BIBLIOGRAFÍA

Autores y libros en Español:

Aguillón Teófilo José, Teología Contemporánea en el Siglo XXI, Edición Personal 2011

De Kms. a Millas, un Viaje por dos culturas, Ed Personal 2010

Leído, Visto y Oído, Edición Personal 2008.

Archibald Imagens, Comentarios a Evangelio de Marcos.

Bruce F. F. El Canon de la Escritura, Ed. Clie, Barcelona 2002.

Global University, Historia, Misiones y Gobierno de las Asambleas de Dios, 2007.

Grudem Wayne, Doctrinas Bíblicas, Ed. Vida, Miami FL 2005

Halley H. Henry, Compendio Manual de la Biblia, Ed. Portavoz G.Rapids MI 1993.

Hoff Pablo, Teología Evangélica, Ed. Vida, Miami FL 2005

Hurlburt Jesse L. Historia de la Iglesia Cristiana, Ed. Vida, Miami FL 1999.

Liardon Roberts, Los Generales de Dios, Ed. Peniel, Miami FL 2005.

Lutzer Erwin, Doctrinas que dividen, Ed. Portavoz, Grand Rapids, MI 2001.

Pearlman Myer, Teología Bíblica y Sistemática, Ed. Vida, Miami Fl 1992.

Robertson A. W. El A.Testamento en el Nuevo, Eardmans Pub. House, G. R. MI 1996.

Tenney, Merrill C. Nuestro Nuevo Testamento, Ed. Portavoz, G.Rapids MI 1996.

Editoriales:

Ed. Clie, Nuevo Diccionario Bíblico Ilustrado.

Ed. Certeza, Diccionario Bíblico, D. Grove IL 1982

Ed. Tell, Diccionario de Teología, Jenison MO 1993.

Ed. Ingram. Martín Lutero, El frayle que conmovió al mundo, México D. F.

Rose Publishing, Cronología de la Historia de la Iglesia: Múltiples breviarios, Diseño Inteligente, Islam y Cristianismo. Nashville TN.

Asambleas de Dios, Constitución y Reglamentos, Springfield MO 2003.

Artículos en publicaciones varias:

Enciclopedia Británica: Artículos y biografías sobre Creacionismo, Docetismo, Agustín de Hipona, Arrio, Sabelio, Zwinglio, Melanchton, Arminio, Concilios Vaticanos I y II. Los peregrinos, el Pietismo, Los Moravos, los Wesley, el Metodismo, el Movimiento Misionero Moderno, Guillermo Carey, Jonathan Edwards.

Declaración de Lausana, Panfleto en Español de CONELA, 1982.

Iglesia Luterana de América, El legado de nuestra fe, DVD.

Wikipedia: Biografías de Adoniram J. Gordon, Ejército de Salvación, Dwight L. Moody, Reuben A. Torrey,

Biblia de Estudio Pentecostal, Ed. Vida, Deerfield FL 1993.

Biblia de Referencia, Thompson, Ed. Vida, Deerfield FL 1993.

Autores, libros y artículos en Inglés:

Blumhofer Edith L. The Assemblies of God, A chapter in the Story of American Pentecostalism, 1989.

Ganoczy Alejandro, The Young Calvin, Westminster Press, Filadelfia 1987.

Handbooks of Christian Apologetics, Intervarsity Press.

Heritage Magazine Assemblies of God, Hispanic Pentecostalism, Spingfield MO2011

Keener Craigs, How Did we get The Bible, Charisma Magazine, Enero 2011.

Newsweek Magazine, Octubre 2008.

The Christian Almanac.

Time Magazine, Agosto 2010.

Towns Elmer, The Ten greatest Revivals From Pentecost to the Present, Liberty University 2000.

Lindsay Gordon, John A Dowie, Voice of Healing Publishing Co. Dallas 1951

Wikipedia: The Life of William Carey, The Wesleyan Church.

www.azusastreet.org www.codexsinaiticus.com www.wikipedia.com

www.ingramcontent.com/pod-product-compliance
Lightning Source LLC
Chambersburg PA
CBHW040251090526
44586CB00041B/2751